Cómo Banksters
intencionalmente robó
cientos de millones de
dólares   Y están a
punto ... El conseguir
listo para hacerlo otra
vez

I0493430

La conspiración de
la serie Banca
esquema de
fraude de rescate

Banqueros roban
cientos de millones a
punto de repetir
de E. Ribera Blanca

contact : EGAR White   buffalostudy@yahoo.com

1. Conspiracy Series: The New Land Fraud Scheme of the 1% . by E G A R White

Title ID: 5887026   ISBN-13: 978-1519455161

2. CONSPIRACIÓN DE LA SERIE: Casas Españolas Sean Robados por EMPRESA Judios ricos, by E G A R Ribera White

Title ID: 6084605 ISBN-13: 978-1530140404

3. CONSPIRACY SERIES: Terrorists' Massacre at Paris Bataclan by E G A R White English version

Title ID: 6152756   ISBN-13: 978-1530642175

4. CONSPIRACY SERIES: TERRORISTS MASSACRE AT BATACLAN PARIS French Version by E G A R White

Title ID: 6154238 ISBN-13: 978-1530653379

CONSPIRACY SERIES: TERRORISTESMASSACRE AU BATACLAN PARIS Version française

Titre ID: 6154238 ISBN-13: 978-1530653379

5. conspiracy series: Terrorists Massacre at Bataclan Paris in ARABIC

Title ID: 6154217   by EGAR White   WRITTEN IN ARABIC
ISBN-13: 978-1530653157

اللغة العربية النسخة

كتاب سلسلة مؤامرة الإرهابيين مذبحة 'في باتاكلان باريس

الدراسات الأوسط الشرق من وطالب الخبراء قبل من إرهابية خلية في الاجتماع وعلم الكاتب Egar الأبيض

6. **CONSPIRACY SERIES: TERRORIST MASSACRE AT BATACLAN PARIS in RUSSIAN** LANGUAGE

Title ID: 6168047 ISBN-13: 978-1530757336

ЗАГОВОР СЕРИЯ: ТЕРРОРИСТИЧЕСКОЕ Резня в Париже Bataclan на русском языке Название ID: 6168047 ISBN-13: 978-1530757336

7. **Conspiracy Series Banking Bailout Fraud Scheme** by E G A R White **Banksters Steal Hundreds of Millions Poised to Repeat**
Title ID: 6229106 ISBN-13: 978-1532908101

8. **Conspiracy Series Banking Bailout Fraud Scheme in Russian** Banksters Steal Hundreds of Millions Poised to Repeat by E G A R White   Title ID: 6229112 ISBN-13: 978-1532908200

9. **Serie Conspiracion Esquema de Fraude de Rescate Bancario   Banqueros Roban Cientos de Millones   A Punto de Repetir.**   . by E G A R White   Title ID: 6229119 ISBN-13: 978-1532908248

10.   **Série de Complot Banque Système de Fraude de Sauvetage Banksters voler des centaines de millions Prête à Repeat.**
by E G A R White   Title ID: 6229134 ISBN-13: 978-1532908385

11. **Conspiracy Series Banking Bailout Fraud Scheme en Arabe** Banksters Steal Hundreds of Millions Poised to Repeat by E G A R White Title ID: 6229147 ISBN-13: 978-1532908453

12. Verschwörung Serie Banken Bailout Betrugssystem by E G A R White Title ID: 6229154 ISBN-13: 978-1532909078

Diary of Mouser: A Year in the Life of a Cat by E G A R White Title ID: 5925263 ISBN-13: 978-1519751997

Diary of Mouser: A Year in the Life of a Cat LARGE PRINT by E G A R White Title ID: 6084694 ISBN-13: 978-1530138869 FOR THE Purple Hair Readers

Black n White letter version with Famous Alerta Letter written in Spanish, Arabic, Russian, Hindi, Chinese, and English ....listed on Amazon dot com as: **Revelations: A Commentary to Aid in the Understanding of End Times Prophesies BW** byEllie White Title ID: 6073810 ISBN-13: 978-1530064021

And Pastors Version with COMMENTARY DILINEATED BY **COLORED** PRINT: **REVELATIONS: A Commentary to Aid Understanding End Times Prophesies** by Ellie White Title ID: 6029052 ISBN-13: 978-1523729470

DEDICACIÓN

Deseo dedicar este libro a Alexander Ribera y Cristal Ribera -

"El mejor hijo e hija en toda la Universidad!"

Y

Para nuestra adorable bebé-Nieto - Alexander Ribera Jr. (Dale) nacido el 29 de agosto de, 2013

y para nuestra nueva y hermosa Grand - HIJA!

Olivia Lynn Leonor Ribera

Nacido el 1 de noviembre de 2015 a las 9:30 am, 6 libras 8 oz, 19 ½ "de largo

Podemos hacer nuestro mejor esfuerzo para hacer todo para la gloria y el honor de Dios:

Para proporcionar un mundo hermoso en el que todos determinamos

Proporcionar y proteger

para aquellos que no pueden hacerlo

ÍNDICE p. 6

Rescate financiero Banca esquema de fraude p. 8

La decadencia de la familia prepara el escenario p. 8

Moral Decay ajusta en valores de la familia p socavada. 10

Valores sufraga políticamente correctas en todos los Arena p. 11

La escena está configurado para robar ... p. 12

Etapa I Toma de tierra de todo el mundo p. 13

Etapa II desestabilizar a los gobiernos del mundo p. 14

Etapa III APROVECHAMIENTO DE LA ENERGÍA p. 19

Etapa IV - Banca colapsos Begin p. 23

"Ding Dong ... y no es Evon llamar! p. 24

"Los banqueros para el desayuno" verdadero ejemplo de pasos

   en el robo ilegal p. 34

"Un vecino llega" un verdadero ejemplo de robo bancario ilegal
p. 37

Participantes en el sistema p. 46

El Administrador de p banco local. 47

La compradores en espera p. 50

El p Kingpen comprador Bankster. 53

El agente de transferencia de p. 55

El Notarios de préstamo p. 56

El p Sheriff local. 58

Abogados p. 62

La culpabilidad p. 63

Los bancos estatales usaron p. 64

Etapa V - LIQUIDACIÓN Banco inicie p. 68

(La recogida de las ganancias de todas las fuentes de desintegración)

El Nuevo Programa es p. 73

BANCO BREAKUP (primero), saldrán resultar desastroso p. 73

Etapa VI - Holding Banksters Responsable p. 77

Y si no...

Etapa VII - Reintroducción de viejos esquemas p. 81

Lavado de dinero p. 82

Cómo ISIL dio Banksters luz verde para comenzar robos p.85

La reincidencia es causal en los disturbios de p. 97

Banca esquema de fraude de rescate - Lo importante que ganar de este libro es la comprensión de que la banca fracaso es intencional. Todo el mundo está corriendo como un "pollo con su cabeza cortada" (como la expresión de la 50 va) y tratar de "arreglar" la única cosa que no se ha roto; No se puede "arreglar" un fracaso bancario cuando tanto los eventos causales y el resultado final son exactamente lo que era y que está destinado. En la evidencia que será presentada en este libro, se puede ver los pasos sistemáticos e intencionales, la falta de consecuencias pagados por los autores, la gran toma de ganancias por los autores, el escenario montado para mucho mayores planes, y la venida fallas adicionales - también una parte de un plan de finalización.

La decadencia de la familia prepara el escenario - Una parte importante del colapso bancario es la decadencia de la familia. decadencia moral y familiar ayuda a privar de derechos a toda la comunidad. La separación de los roles familiares ayuda a confundir y separar los roles de liderazgo, la tradición y el futuro de visión, o la capacidad para planificar y prever el futuro y el resultado final de las acciones presentes. La gente, en su conjunto, se vuelven egocéntricos y se centran en las necesidades del momento, dejando de lado las necesidades del futuro. No hay consecuencias para nada. Nos hemos convertido en una sociedad de personas egoístas. Ya no estamos preocupados por el bien de la humanidad, las generaciones futuras, el juicio y la otra vida, nuestro mundo, nuestro país, nuestra familia, e incluso la mejor acción de nuestro propio ser.

Esta descomposición se inicia en la unidad familiar básica y el cáncer se disemina hasta que el poder ejecutivo, el poder legislativo y el poder judicial, todos se han corrompido con gratificaciones, rentabilidades, favores; el gobierno de ese país a continuación, se ha hecho estéril e impotente para salvar. Lo que importa para nada, si han sido neutralizados a través de la avaricia que conduce a la aceptación de pagos o de caer presa de las técnicas de chantaje para otros esqueletos o actividad inapropiada. El temor de los pecados contra una nación, siendo expuestas, es el mayor enemigo interno de una nación.

La nación está más en riesgo cuando este se extiende la desmoralización. Comenzó a nivel familiar, se extendió a los órganos de gobierno, y finalmente se convierte en un cáncer debilitante a los policiales y militares defensas de una nación. Las fuerzas militares y policiales de una nación necesita, tanto como la gente, tener una confianza en la lealtad a un líder. El soldado que lucha por una causa, ama a su líder, se enorgullece de la conducta circunspecta de su nación, batirá el soldado de un corrupto, confuso, nación sin un amor o una causa, cada vez. ¿El rey, quiere un soldado en la espalda, que odia y le teme, o bien, que ama y lo respeta?

Hemos llegado a ser perdido porque hemos permitido políticamente correcto para castigarnos por tener cualquiera de los valores sólidos e inamovibles. De esto hemos entregado nuestra voz en pie por derecho absoluto y el mal. Llegamos a ser tímidos en avisar a nadie en lo que creemos, en lo profundo de nosotros mismos. Esa voz interior se desvanece a medida que perdemos el músculo de usar esa voz a ponerse de pie y decir que hay duda es: bien y el mal, blanco y negro, la verdad y la mentira, el bien y el mal.

decadencia moral establece en vez valores de la familia se ven socavados. Una vez que no hay valores, no hay futuro, y sin consecuencias, el ladrón está listo para tomar todo lo que pueda. Él tomará hasta el último centavo, en una serie de barridos, hasta que sea tomada. Cada hombre por si mismo. La única cosa es, él es el único que sabe que se inicia el juego, lo que está en juego, y el maniaco resultado final deseado.

¿Estamos unexpectant del ataque? ¿Estamos preparados? Vamos a quejarse y llorar, o vamos a levantarse, sacudirnos fuera, y prepararse para la próxima ola de ataques? Sí, esto era sólo la onda de ensayo; la batalla principal está llegando muy pronto, y una ola de barrido se abre la parte trasera de esta serie de ataques. A pesar de los escenarios presentados en este libro se basan en los detalles exactos de los desastres actuales bancarias estadounidenses, es importante recordar dos cosas: 1) Nunca estamos solos en el mundo; las ondulaciones de los desastres presentes y previstas en el sistema bancario de Estados Unidos afectará, en círculos crecientes, toda la UE y otros países, la banca y la estabilidad económica. Y, 2) Esto puede, en última instancia, servir como un modelo con información de ahorro para aquellas naciones que "... se pusieron lejos y llorar, que ven cómo el humo de su incendio."

Políticamente correcto asume los valores en todos los ámbitos. Políticamente correcto se utiliza para establecer el escenario para el robo bancario. Los políticos acostumbrados a políticamente correcta del habla, se centran en cómo identificar y verbalizar su confusión, sin ofender a nadie. A medida que se enredan en su propio dilema, cuestiones que no se equiparan son empujados a un lado. En poco tiempo, no hay nada concreto que puede ser expresado. Hemos borrado las líneas hasta que no queda nada en el medio pero una sombra de gris; y, lo que vuelve tan gris ensombrecido por el mal, que luego ya no podemos ver ni la sombra de la duda que se ha perdido en un estado general de la oscuridad.

Al final, políticamente correcto se ha hecho cargo de los problemas verdaderos-y políticamente correcta ha suplantado cualquier cuestión verdadera de importancia duradera. Políticamente correcto es sólo una de las herramientas de desvío para tomar la atención fuera de los males que aquejan a la sociedad. Mientras todo el mundo está tratando de resolver un elemento sin sentido, en lugar de la verdadera causa final, o mientras que todavía están tratando de encontrar la manera de indicar recelos, sin ofender a nadie, los ladrones están detrás de ellos, corriendo por la puerta trasera, inadvertido .

Cualquier resto de personas que no han participado en el Kool-Aid de políticamente correcto son atendidos a través del orgullo, la pobreza o la muerte .... Simpatizantes con frecuencia se distraen por el foco de los medios, (alimentar el orgullo, la atención y las luces, marrón-voladizos, otras tácticas cotorreo, y etc) cámaras, o está dando trabajo ocupado extrema en un área totalmente diferente. Portavoces de la identificación de los problemas y salvar el sistema bancario están amenazadas, destruidos, sin hogar, o muertos. Aquellos desesperación restante o rezar. Se establece la apatía. Los pocos luchando por una causa son aislados y la alimentación está dañado, hizo impotente, y perdió a la ósmosis del olvido.

La escena está configurado para robar ... de todos, porque no "Infraestructura Moral" es la izquierda. Los ladrones pueden ahora romper escaparates, hablando en sentido figurado, y tomar todo. los dientes de los perros de policía han sido arrancados, uno por uno. Él es bastante dolorido y se está reduciendo de cualquier vestigios de poder en absoluto, de sus punishings excesivas y Pavlonian.

Etapa I, teniendo - tierra de todo el mundo.

• Dar préstamos a todos los que puedas.

• decir que el valor cayó, no es suficiente garantía ahora, a continuación, tomar la propiedad.

• CYA por tener todo abogado es en ea. pequeña ciudad escribir una carta o dos para el 'banco asociado en la toma. "(Ej. El desalojo, aviso de 3 días, un cierto cambio en el seguro requerido, etc.) Esto crea un falso conflicto de intereses.

1. Los abogados locales impotente, una vez utilizados para, por ejemplo. Para poner en práctica la exigencia de nuevos seguros, etc: por ejemplo. Inundar los seguros de civil, el aumento de los seguros de proporción con cantidades de cantidad original del préstamo concedido, colocación de doble seguro o políticas de los bancos asegurados en la parte superior de los pagos del préstamo. Por ejemplo. Coloque el seguro del banco beneficiario del préstamo caro sin adecuada para pagador persona notificaciones apropiadas, o, ignorar receptor del préstamo presentación de la prueba de Seguros y colocar el seguro del banco en la parte superior de la misma, de todos modos.

- Sea cual sea la excusa utilizada y pagado, un conflicto de intereses se ha creado en favor del banco y la persona apropiado ilegalmente en contra no es capaz de encontrar cualquier abogado competente. Ahora se convierte en una presa indefensa al sistema. Sin abogado, los tribunales, corrompidos y valió la pena, así, hacen lo que quieren para el Banksters. Ellos han sido generosamente compensada y no hay nadie para desafiar o un abogado o defenderse de estos robos bancarios y la tierra del mal.

Elimina mundo desestabilización Otros países Viendo y rescate de Estados Unidos de sus Banksters. Agenda de desestabilización.

La fuerza de un país reside en la lealtad y la satisfacción del público en sus líderes. Esta es la razón por monarquías hacen tan bien; las personas sienten que pertenecen, que este es su familia, hay una lealtad y el proteccionismo intenso presente. El Reino Unido es un buen ejemplo de esto. Hay un gran número de seguidores de la reina Isabel y su familia. Exhibido aquí es una sensación que brota de la soberbia; lealtad lógicamente. Rusia tiene este mismo escenario entre sus ciudadanos. Putin tiene raíces de mucho tiempo en Rusia. Putin creció luchando y viene de una familia de escasos recursos, similar a mi propio entorno familiar pequeña granja. Se enfrentó a la incertidumbre de los tiempos de la guerra fría de la década de 1950 como un niño muy joven e impresionable. Conquistó el 'pack' y desafíos abrazado. Se levantó como un líder que emana un encanto genuino y preocupación por un público fiel y contenido. Él ha reavivado los sentimientos de nacionalismo en Rusia, que también comenzó con una historia profunda de la tradición de los Romanov.

Por el contrario, países desestabilizados están luchando para simplemente no ahogarse en dificultades cotidianas. Regímenes de celos de los líderes a largo plazo con seguidores leales han tratado de arruinar cualquier país con una larga y fiel seguimiento. Algunos han tenido sus propios problemas, pero la mayoría de esos comportamientos erráticos ocurrido en desesperados se mueve después de que se hicieron loco, tratando de entender lo que otros tienen derecho a interferir en sus asuntos. Estos golpes celos inducidos no logran sus resultados declarados pero no logran los resultados deseados. Después de todo, si sólo se puede gobernar desde hace 8 años, ¿por qué se les debe permitir Assad o Gadafi para gobernar durante 40 años?

La desestabilización proporciona un terreno de mayor igualdad de condiciones para los Banksters para operar. Debe ser comparado con un asunto abusivo. No es de Putin 'Merkel n la broma noche de bodas EE.UU. ", pero tal vez es una semana más tarde ... después de la luna de miel. Si el "novato" o nuevo líder gobierno está tratando de dar sentido a la infraestructura destruida y una masa nerviosa de personas en busca de liderazgo, los nuevos líderes del régimen menudo sucumben a la posición de rodillas de deferencia y el comportamiento sumiso, a menudo a los responsables de sacar el último líder de su país. Es la amenaza invisible que si no se hacen amigos con el matón de patio de recreo, ellos también pueden tener el mismo final como su predecesor. Es el síndrome de la esposa maltratada. Es el cónyuge que tiene miedo, degradado, caía a plomo (verbal y físicamente y sexualmente) y así está ansioso de apaciguar y amistad con el cónyuge. Es el líder que es nuevo, nerviosa, y lo más importante de todo, no tiene lealtad a largo plazo de las masas para respaldarlo. Él sabe que el matón que lo puso en el poder, (y probablemente sólo le mostró el vídeo zumbido de su predecesor ser golpeados, violados, colgaba hasta la muerte, y más tarde en un convoy y plano a la muerte, y más tarde descubrió en un bunker y colgando a sí mismo en la cárcel ... mi oh mi, religiones, incluso populares única anunciar que los que siguen a Cristo sólo va a resucitar una vez. Tenemos los líderes del mundo que mueren tres veces. Esto se suma al miedo psicológico impuesta a un nuevo líder. la presión está en hacer lo que a uno le dicen y para mantener la nariz hacia abajo. es decir, el mundo está tan ocupado tratando de no desmoronarse y construir un gobierno viable entre una población loyalized, que no tienen tiempo para ver lo que los Banksters son hasta en el propio patio trasero del Bully.

Mundo despierto. Mundial por favor llame la atención sobre los robos bancarios ilegales que realmente destruir primero a Estados Unidos, pero que provocará un "Agujero Negro" que buscará a chupar todo el mundo en su torbellino de destrucción.

Los gobiernos II desestabilizadora mundo Ensues

• Todo el mundo asume el legado de Bush ha sido destruida debido a la invasión de Irak fue un "error" y creó un vacío, desestabilizando la región.

- Sabíamos que la extracción de ningún líder fuerte, sin un reemplazo fuerte elegido ya una presentación a las personas, antes de que el vacío de liderazgo desestabilizaría la región; Cuando se contrae la gente que ese era el resultado previsto.

- Un vacío daría lugar a múltiples desafíos, choques violentos entre los retadores de levantamiento, un empañamiento de los temas y de la claridad de las opciones de las personas, entre los posibles líderes de recambio, un fuerte aumento de recuento de mortalidad en la región, la destrucción de lugares emblemáticos y antiguos tesoros culturales y religiosos - que conduce a una mayor pérdida de la identidad de las personas y mallado cosmológica de un nuevo crisol o uni-identidad (pérdida de la identidad siempre hace que un pueblo sea más manejable para gobernar, y más frustrado, y no unificada bajo cualquier causa o etiqueta común.

- le. IRAK resultados era a la vez calculado y esperado.

• Múltiples fuentes alegan que 40 países han contribuido con dinero, armas, inteligencia, tropas, etc., para dar lugar a ISIS y otras organizaciones, que están diseñados para crear aún más terror, más pérdidas de vidas, preparar una plataforma desde la cual el mundo se ansiosamente clamar por un gobierno mundial unificado, dando poder oligarquía absoluta a un nuevo mundo unificado conjunto.

- La desestabilización de la región y la devastación total de los centros de población, incluyendo la ruina de los antiguos edificios sociales y religiosos, dirigido a la inmigración masiva de zonas enteras de la población a otras zonas, completamente diferentes en geográfica y social de maquillaje de sus lugares de origen .

- Una fusión de tanto unos como los nuevos pueblos de una zona, ayuda a destruir el poder de la identidad de ambos grupos de población.

- La tensión en todos los elementos de los recursos de un área, ayuda a causar más estragos en las cepas de la sociedad de la unificación de todas las áreas que experimentan estos aumentos repentinos en las cifras de población.

- La inmigración de todos los pueblos de las regiones en estado de agitación es sin sentido - se ejerce una presión indebida e imposible en los recursos de cualquier área que se ha convertido en un punto focal del impacto de la inmigración. Sería mucho más fácil de reemplazar viviendas, alimentos, infraestructura de las zonas afectadas por la guerra o de otra manera devastadas que reemplazar alguna manera el espacio, la tierra, las casas, las oportunidades comerciales, redes de empresas y personas, maquinaria, vehículos, ropa, tiendas de alimentos, hogar artículos, etc., etc., que se quedan atrás en cualquier migración.

- Es absurdo suponer que cualquier área podría sostenerse a sí mismo, en tal afluencia abrumadora de tanta gente tan de repente y que requiere un reemplazo total de todos los elementos necesarios para sostener los pueblos que emigran originales. Parece mucho menos costosa y menos de una tensión en todos los recursos y todas las relaciones, simplemente reconstrucción y reemplazo de artículos devastados o perdidos, justo en el lugar en el que la gente los necesita. ES DECIR. permanecer en el propio país y reconstruir, esto también serviría para suministrar puestos de trabajo y un nuevo sentido de unidad en el área de reconstrucción.

ETAPA III - APROVECHAMIENTO DE LA ENERGÍA -

- Una vez dicho lo anterior >>>>> El único beneficio de la unidad que vemos a lo opuesto, es la cepa utilizada para hacer necesaria una unificación de un nuevo orden mundial, una nueva potencia mundial, nueva totalidad de las leyes que concedan POTENCIA TOTAL a dijo que el gobierno nuevo mundo.

- La devastación y la pérdida extrema de la vida debido a 1) Terror Eventos, y 2) en Guerra de ambas naciones en la guerra convencional, y, facciones enfrentadas de las organizaciones terroristas, que por supuesto, organización terrorista de un hombre es mártir o idealista de otro hombre ' buena "la llamada de la causa de la acción.

- La devastación de la vida también sirve a la agenda de Bohemia de la reducción de las cifras de población en el mundo en su conjunto, para disminuir la demanda de los recursos del mundo para la élite 1%.

• Pérdida del Amor - La parte más triste de la desestabilización de un gobierno es que no existe una vinculación entre la identidad de las personas de la comarca y su nuevo líder llamado. Cuando un pueblo aman y respetan a un líder, es una relación hermosa. Todo el mundo sabe que nadie es perfecto. Pero, saben dónde las deficiencias de su líder son. Que pueden aportar en otros políticos para manejar esos problemas ignorados. Ellos empujan a través de canales gubernamentales y reuniones públicas para presionar la atención pública en las áreas deficientes. Provocan atención de las masas. O, ignoran lo que no reciben, con un peso en los beneficios que lo hacen llegar a través de dicho líder. identidad pública y el animado masas adoring realidad conduce a una mayor satisfacción de las personas en sus líderes; los líderes se intoxican con adoración de las masas, el perfume del amor de un pueblo es mucho más atractivo que la atracción cliché del mero poder.

- El mejor ejemplo de un amor de un pueblo, que se me ocurre, es Muuamor Gadafi, de Libia. Bajo su gobierno la democracia y la figura decorativa, el país prosperó. elegido originalmente, más tarde se comenzó a delegar ciertas necesidades para el proceso democrático de otros organismos del país. En el nuevo y extraño "Democracia, que el mundo occidental no puede y no entender," la gente le quería. Ellos correr al lado de su coche y animar y mostrar su adoración por él. ¿Y por qué no? Después de todo, bajo su gobierno, el país de Libia experimentó: al pasar de 18% de alfabetización al 85% de alfabetización, todos en el país se le dio una casa, se les dio recién casados $ 50,000.00 para la compra de su primer condominio, para empezar a cabo en la vida con, 50 % de las compras de automóviles nuevos fueron pagadas por el gobierno, si quería ser granjero - el país le daría: la tierra, el equipo y las semillas (como él estaba muy interesado en ser autosuficientes Este vio como una manera de. anular los dientes de las sanciones de otros países, con razón.) Él les dio educación universitaria gratuita. Él les dio libre médica. Y, si lo necesitas médica que no podían proporcionar, proporcionó un estipendio de hasta $ 2,900.00 para salir del país para conseguir lo que necesita en otro país. Él era un hombre increíble de la visión y el desinterés que verdaderamente se preocupaba por su pueblo y que lo quería para él. Es la vergüenza de América que los individuos en el gobierno de Clinton presionaron para que el ahorcamiento de este hombre. Los hombres que lo ISIS colgados no hablaban árabe ... .hmmmm.

-

- Entonces ... ¿Cómo era un convoy tomado, y más tarde se disparó? Espero que alguien le da una copia de este libro; Estoy seguro de que va a apreciar los argumentos y la infamia de este libro.

La parte más preocupante de la desestabilización de los gobiernos del mundo es que se ha convertido en una guerra de peones entre los que podría importar menos si su estrategia aún tiene lógica alguna para lograr su agenda demente. Sirve, muchas veces, ser una mera distracción para mantener el foco del juego de alimentación y de la tierra, robando a la gente en casa. Ocupa los medios de comunicación que están capacitados para seguir las bombas y el humo y descuidar las familias pobres, cuyos hogares están siendo robados. crimen de color blanco está destruyendo América. La mujer que se sienta sobre la bestia escarlata será consumida por la propia bestia que ella creó: Se hará volver sobre ella, no puede ser domesticado, comerá y consumir, y ella no se encuentra, nunca más.

Cuarta etapa - Banca derrumbamientos de Begin -

1. Se crean -

El escurridizo PRÉSTAMO - Propiedad de compras

a. propiedades de primera categoría están dirigidos - Los magnates bancarios montan sobre el país y seleccionar todas las propiedades que desean. El banco local, altamente involucrado en la trama de corrupción, sirven como anfitriones en los anuncios del picking excursiones. Tienen conocimiento de la región, los valores, las empresas entrantes en perspectiva, la información general de los propietarios de tierras en la región, y pueden exponer las fortalezas y debilidades de los esquemas posibles de toma de tierras.

Un ejemplo de Banksters 'Propiedad de compras y de degradación intencional de la granja y la familia, con el fin de preparar una granja de la familia por un robo Bankster; Utilizan la degradación y el agotamiento de los fondos en los robos sistemáticos de propiedad ...

"Ding Dong ... y no es Evon llamar!

Sólo unas semanas más tarde, en medio de mucha jardinería en las verduras, en el macizo de flores, salir a caminar con los niños varias veces al día para comprobar en el bebé árboles de nogal Negro ... todo el mundo parece bien satisfechos con diversos proyectos de jardinería y los resultados maravillosos.

Alex ...

"Mamá, aquí hay algo de nuevo al squash ... ¿Puedo cocinar ahora, Por favor, mamá, por favor!"

Ellie Mae ...

"Bueno, está bien ... .Desayuno de calabaza ... interesante!"

De repente, el ruido del motor de un coche rompe el silencio suave de deshierbe en el día caluroso de verano ya. Los hombres llegan; un coche lleno de trajes de alta-parlantes tira hacia abajo el camino de entrada de 300 pies. Con ese largo de un camino de entrada, tiene una distancia de tiempo para acceder a las intenciones de alguien; no cabe duda de las intenciones de mal-estas llegadas. Aprehensión construye cuanto más se acercan. El coche escupe grava como se trata de una parada brusca. Nada irrita a los agricultores más que los conductores de la ciudad, conducir demasiado rápido a su unidad, poniendo en peligro los animales pequeños y los niños y los animales domésticos, y luego la parte superior que con el nervio de la falta de modales para aparcar en el lugar de papá o bloquear la unidad para el entrante gente de la ciudad ' tractores de heno. El coche se vacía su carga no deseada. Los hombres siguen hablando entre sí como Ellie Mae toallitas un guante sucio trabajador por la frente sudorosa. Ellos caminan alrededor de hablar el uno al otro, ni siquiera mirar a Ellie Mae, que está justo al lado de ellos, como si ella es invisible. Su mandíbula cae en el asombro como sus peticiones son ignoradas; pide a los hombres a abandonar su propiedad:

Ellie Mae ...

"Esta es mi casa; no está a la venta. Nunca voy a vender. ¡Vete!"

Los hombres siguen hablando entre sí acerca de lo que van a construir e incluso caminar por señalando donde van a construir cada edificio, y ni siquiera tomar nota de la mujer suplicante. Ellie Mae se ejecuta dentro y coge el teléfono viejo muro de moda y frenéticamente llama a la policía. Cuando llegue la policía, que ashamedly piden a los hombres a salir.

Ellie Mae exclama:

"Estaban diciendo que después de la cena de esta noche, que van a volver y llevar a sus esposas y mostrarles lo que planean construir. Ellos actuaron como si yo fuera invisible! "Ellie Mae dijo a los agentes.

Todos los días en la granja trae un nuevo día. Al igual que el ternero recién nacido y la oveja que bala y el lechón limpio lindo y brillante, todo en la granja, le recuerda que la granja significa un nuevo comienzo en todo. Esta mañana, Ellie Mae prepara el terreno para verter el hormigón de color a la acera de su casa sencilla. Se quita el césped, marca la línea de derivación, y coloca las formas curvas en el suelo, todo por ella misma. Siempre es un trabajo duro en una granja; No muchas mujeres optan por ir solo.

Al mediodía, un camión y el equipo de mezcla llega a la granja. La tripulación se vierte el hormigón de color que se ha ordenado, de color rojo para que su acera tiene la apariencia de ladrillo cuando se haya completado. Estampación las formas en forma de ladrillo en el hormigón solidificar toma mucha fuerza, la energía, el sudor, la perseverancia, y la risa. La obra terminada es sorprendente a la vista. La compañía concreta toma imágenes de la obra de arte Ellie Mae ha hecho en hormigón de color rojo e incluso le ofrece un trabajo en su tripulación.

Al día siguiente, después de establecer, Ellie Mae comienza la delicada tarea de pintar el hormigón de color gris con líneas de lechada para hacer el hormigón se vea aún más realista. Que está adquiriendo el aspecto de ladrillo antiguo usado ya. Los siguientes pasos son la colorized sellador en dos tonos diferentes. Gran parte del trabajo se hace para conseguir este trabajo granja a su etapa completado. Siempre hay otro trabajo que hacer en una granja, pero esta fuerza de voluntad sola mamá nunca se rinde.

En medio de la pintura, se produce un escape de gas en la sala de lavandería y un negro se forma una nube de aislamiento de las líneas de cobre fundido ', montado en las paredes. Ellie Mae corre hacia el fomento de salida donde se encuentra el lavadero, lanza abrir la puerta para dejar salir los gases y el calor de humo y de la construcción, y se apaga la válvula amarilla de cierre de gas, que pasa a un hombre de entrega con la boca abierta que estaba asustado y no hizo nada ¡para asistir!

De repente, un pesado tractor departamento de la carretera llega hasta la entrada. La enorme maquinaria de carretera aplasta el asfalto, ya que viene hasta la calzada de Ellie Mae. Ella grita de terror. Impotente, ella mira el tractor, ya que pisotea los árboles de nogal negro 500 bebés en el pasto detrás del garaje. El peso de las grietas del tractor hasta la carretera todo el camino de entrada como los sumideros de la tierra por debajo de su peso extrema. Se rompe aspersores de riego en el jardín delantero y pastos y el conductor parece imperturbable como el agua se echa en chorro en todas partes de las tuberías rotas.

Como Ellie Mae se precipita sobre la cobertura de las emergencias, comienza otro desastre; 50 camiones de volteo, descubiertas sobrellenado con la suciedad, el trueno por la suciedad del campo vecino, cruzando el césped, y el levantamiento de polvo por todo el rojo ladrillo recién pintado y sellado acera curva que Ellie Mae acababa de terminar. Es obvio que algunos hombres malvados han trazado tanto desastre, pasando todos a la vez. El sabotaje intencional es asombroso. Ella no puede permitirse sentir su corazón en un puño mientras se excava y repara las líneas de PVC en el sistema de riego automatizado. Muchos RESETEOS del sistema es necesario para mantener el control de las líneas para futuras roturas en el PVC. Es un trabajo lento y tedioso para mantener las pausas de fijación en su orden, la reparación de roturas más allá y más abajo en cada línea. Como cada nuevo caños punto, el agua debe ser de cierre y todo el restablecimiento del sistema. Es muchas horas de retroceso, causadas por el peso aplastante intencional de los tractores de carretera. El granjero cansado hace su camino hacia el teléfono para llamar al remolque de la construcción de carreteras estatales, aparcado al otro lado de campo del vecino.

Ellie Mae ...

"Burt, que habló ayer y se confirmó que no iba a haber trabajo de carreteras hoy en día. Cincuenta camiones de volteo solo condujeron por todo el patio con la suciedad que sopla en todas partes. Estaba pintando sellador transparente coloreada en mi nueva acera. ¿Por qué? Entonces, sólo tractores tenido rompo toda mi camino de asfalto y aplastar a los árboles de nogal negro 500 bebés. Se procede al picado de muchos de ellos, cuando se dirigían a través de mi campo y los tractores que siguieron, arrojan carretera malezas siembra todo mis campos recién despejadas. Tuve que esperar todo un año después de la fumigación del campo con el fin de plantar los árboles de nuez bebé y ahora semillas de malezas se rocía todo mi propiedad; ¿Quién está detrás de esto? "

Burt, Gerente de construcción de la carretera ...

"Ellie, la empresa constructora ordenó a los tractores. La responsabilidad está en sus manos. El contratista acepta el trabajo del estado y luego lo hace sin embargo que le plazca. Hemos escuchado sus conversaciones; sus contadores les ordenó que cruce las tierras. Ellos dijeron que sería más barato que presentó una demanda, y ganaron incluso, que al llegar de otra manera de crear las pendientes pronunciadas de un lado de la autopista. Dijeron algo acerca de que son sólo una mujer y una mujer sólo llorar y nunca sería capaz de tomar todo el camino a la corte. Sí, vi los camiones de basura de mi remolque. La suciedad y arruinar su trabajo duro en su nueva acera estaba destinado para que lo lleve de su granja para que los desarrolladores les resultaría más fácil de llevar a su tierra lejos de usted, si usted acaba de salir, derrotados. Tengo algunas fotos aquí en mi remolque; Es posible que desee venir y conseguir éstos; Creo que estos pueden ser de algún valor para usted si usted consigue un abogado y usted o él quiere venir a mi trailer y obtener estas fotos. Voy a guardar estos para usted, siempre y cuando somos destacados en este trailer ".

Resultado de este capítulo es que Ellie Mae determina para procurar abogados. El abogado de la señora que ella termina con, se instala en lugar de terminar una victoria en la corte .. es decir, todos $ 98,000.00 va sólo al abogado. Si el abogado señora había ido a la corte la semana siguiente, el tribunal habría adjudicado todos sus honorarios, cualquier cantidad que por lo eligió para recoger de un sombrero, en la parte superior de un premio a la familia de la granja ... En lugar de Ellie Mae conseguir su $ 98,000.00, todo va a los abogados y el abogado envía Ellie Mae sólo $ 1,000.00 de su culpabilidad por participar en el esquema de costado a la familia de granjeros pobres, agote sus recursos, y desmoralizar y destruir esta familia, con el fin de hacerlos más fáciles de adquieren en una batalla legal para robar sus granjas, si Ellie Mae puede reunir el machsy para mantener en la lucha contra esta estafa corrupto, y lo hace a las Cortes, en absoluto, es decir ... "los abogados son un desperdicio!", dice un agricultor vecino, Jr., también desilusionados por sus pérdidas a los intrigantes misma corrupción fraude de la tierra ".

segundo. Lo que hay que recordar aquí es que estos no son necesariamente las casas de los pobres sola familia. Es decir: Nadie puede escapar de las Banksters. Muchas veces van de los mejores, lugares privilegiados, propiedades costosas. Esto minimiza el trabajo y Payoff corrupción tasas en relación con el porcentaje ganado. Es decir. Si usted puede conseguir una propiedad barata de, por ejemplo, $ 200.000,00 y pagar exactamente el mismo $ 150,000.00, en honorarios Payoff corruptos ... ¿por qué no tomar un local comercial de, digamos, $ 12,500,000.00. La mayor parte de las propiedades agarró en el Wasserman - estafa Woggernese valoración media se situó en este último precio determinado.

do. Si el dueño de la propiedad tiene una hipoteca sobre una propiedad que cae en la lista de toma de posesión, el vehículo banco local, compra rápidamente que la hipoteca de la actual titular de ese derecho de retención.

re. Si son clientes actuales de la pareja de ladrones de banco fraudulenta elegido, nada hay que hacer. Al menos no hasta que el mecanismo esquema se establece en juego.

mi. Si no tienen gravámenes actuales, que están fuertemente comercializado por agentes de préstamo del vehículo fraude bancario elegido.

F. Si no hay ningún derecho de retención se saca por la pretendida víctima fraude de la tierra, los matan. Si miembros de la familia están en indignación y tratan de llamar la atención sobre el robo de tierras o de negocios, que son asesinados también. Tal fue el caso en la batalla de las barras en California y Florida. Se utilizó por primera vez la intimidación. Entonces amenazas. Entonces asesinato. Luego amenazas de asesinato más sobre los cónyuges sobrevivientes y familiares. Luego el homicidio del cónyuge resistir restante. Y todos sabemos, muchos de ellos fueron encontrados teniendo "se suicidó" y notas escritas, dando alojamiento a la "Adquisición gamberros." (C 2016 e. Blanca)

gramo. En última instancia, pueden 1.) Trate de dominio eminente - tan costoso y no es tan entretenido como todas las opciones anteriores. O, 2.) Simplemente paga la población local para "Declarar la condenación." Un famoso ejemplo de esto fue la pequeña a su vez linda del negocio de reparación de automóviles siglo en Chippewa Falls Wisconsin. El hombre se negó a vender a una fábrica de cerveza local que quería abrir una tienda de regalos contigua. Se negó el ciento sobre la oferta de dólares en una propiedad que su familia poseía desde su creación. Su propiedad era en última instancia, "condenado" y no se le reembolsará el valor justo de mercado de su propiedad.

Otro ejemplo de abuso de dominio eminente es en el caso de la familia Ribera de Chippewa Falls, Wisconsin. El estado quería adquirir una propiedad por una autopista. Le rogaron: "Es por el bien de las personas!" La familia accedió a su solicitud de conformidad con promesas de que nunca más se enfrentan sus tierras están quitando, nunca más. No sólo era esta promesa renegó, pero se pone peor. La mujer se pagó $ 10,000.00 durante un gravamen registrado "Para ir de compras con" (una enorme percepción machista y degradantes y las perspectivas del estado de Wisconsin).

El estado utilizó por primera vez volquetes para destruir 500 árboles de nogal negro, tierra de cultivos de malezas cabeza de serie, entradas de vehículos aplastados, reducir antigua forestación de pinos, se llevó a cabo alcantarillas de hormigón para la tormenta y el drenaje de la nieve, los sistemas de riego automatizados trituradas, automóviles quemados, maquinaria estola, la joyería , armas, platos antiguos, antigüedades de la familia ... y la lista sigue y sigue. Los ladrones robaron en un solo viaje al enorme nuevo horno, que dice: "Una niña no necesita un garaje con calefacción." En total, 39 propiedades fueron robados de esta familia para decir a los demás lo que los Banksters están haciendo. No permita que este sacrificio sea en vano.

2. ¿Es el resultado final deseado

a. Ordenar como método.

Parece que estamos engañados por teorías obsoletas comunes de la dignidad humana. La quiebra bancaria no fue un fracaso. Se logra exactamente el resultado que se pretende. Para establecer el escenario para el fracaso bancario, entonces se hacen préstamos. Estos préstamos son el blanco de una ciudad a otra y de una región a otra en un proceso sistemático. Es como el rebusco de un campo de trigo; se llevan todo lo que pueden. Lo hacen en un proceso ordenado - no promover la preocupación de seguir las pautas y cuidados, con el fin de hacer 'buenos préstamos, "sino más bien en una orden para que no se pierda ningún dinero haciendo posibles las joyas de propiedad, lo que podría eludir su notificación.

segundo. Los préstamos se ofrecen y se hicieron.

Los préstamos se ofrecen junto a todos los propietarios, que se encuentran en la lista de la adquisición del equipo de la corrupción. Todas las tácticas conocidas por el hombre no está a salvo. Cada rasgo de carácter personal de los propietarios de la tierra deseada, se explota. Si usted no puede ser schmoozed en tomar el préstamo, tenga cuidado con la alternativa fatal.

En el caso de las tierras de mi familia, se utilizó nuestra fe religiosa en contra de nosotros. Banqueros llegaron a nuestra casa y simplemente entramos directamente en nuestra cocina y esto es lo que se dijo:

"Los banqueros para el desayuno

Cocinar el desayuno un día, algunos banqueros llegaron y simplemente caminaron a la derecha en el medio de nuestra cocina, justo en el medio de nuestra comida. El Sr. Vrchota y "Mr. Dragster ancla ".

Banqueros ...

"Estamos muy contentos de que usted renunció a su tierra por el bien del Estado, por el bien de las personas, que queremos decir gracias. El banco se excita ver a las personas como usted que están creciendo y emocionados por tener una granja; Hay demasiada apatía en el mundo hoy en día, muchas personas son perezosos o triste o deprimido y renunciar a su negocio o granja. Nos gustaría hacerte un préstamo para que pueda comprar más tierra y volver a la agricultura en una escala más grande, al igual que ha sido fabricado, por lo que se puede cultivar lo suficientemente grande como para crecer los cultivos que necesita para mantenerse a sí mismo y para aumentar su vacas ".

Ellie Mae ...

"Pero no puedo calificar para un préstamo. No tengo ningún ingreso ".

Banqueros ...

"La tierra es un valor tan grande; Que calificar a usted. Y, además, que crecerá más vacas y que tendrá que pagar el préstamo ".

Poco después, Ellie Mae adquiere el terreno adicional y aumenta su superficie de cultivo, ella paga su préstamo recién hecho en su granja de servidores original. Pero el banco exige ahora que ella saca el dinero de nuevo y comprar un nuevo techo. Ellie Mae debe mantener el banco feliz y hacer lo que dicen o ella perderá las nuevas tierras que ahora está en funcionamiento. Ellie Mae se ve obligada a trabajar tres trabajos a la vez. Esto significa que ella está trabajando 6 días a la semana, 20-22 horas al día, durante 6 meses seguidos, una vez más. Entonces, mamá y los niños toman un descanso de dos semanas y luego hacer todo de nuevo. La habían engañado para que un derecho de retención en la granja familiar dado sus frutos "* (* como se cita en la conspiración de la serie:. La nueva tierra ardid de fraude del 1%).

En el ejemplo anterior, la adulación acerca de cómo nuestra familia había ayudado el bien de las personas del estado, se utilizó. Nos dijeron que el préstamo estaba siendo dada a nosotros gracias a nosotros para no demandar al estado por el dominio eminente que acababa de ser utilizada para tomar la mitad de nuestra una granja en contra de nosotros.

En otro caso, un hombre ser dueño de un bar se acercó a vender su establecimiento. El se negó. Él fue asesinado. a continuación, su esposa fue abordado y amenazado. Ella era el dueño y heredero. Ella lo rechazó. La mataron. Un nuevo propietario salió milagrosamente.

En otro caso, un hombre con un establecimiento comercial 12.5M se acercó a la I + D de dinero. Él aceptó la oportunidad de actualizar y ampliar en una operación muy lucrativo. De buena gana hizo sus tres primeros pagos de la hipoteca. Llegó a la propiedad comercial para descubrir que había sido apropiada. Se agarró a un clavo ardiendo, tratando de explicar que había hecho sus pagos según lo acordado. Se calmaron sus súplicas exasperados, y cortésmente explicó que la evaluación había devaluado un poco. Desde su propiedad era garantía para el préstamo, tomaron la propiedad 12.5M para el préstamo de $ 250,000.00 que se habían hecho a él, sólo tres meses antes.

En otro caso, un hombre tenía un negocio de reparación de automóviles de tercera generación. Era un edificio antiguo tradicional que fue construido para tal en el cambio de siglo. Fue en una zona de viviendas protegidas restauraciones del patrimonio. Se ajustaba tan perfectamente en las proximidades de los edificios originales vírgenes. Se negó una oferta de compra (precio de alrededor de 1/10 del valor de su propiedad - y no tomó en consideración su pérdida de buena voluntad, que era una empresa de tercera generación, que no tenía ninguna formación para simplemente recogiendo y tomando otra trabajo ... qué ???) ... Así que la compañía de cerveza prominente simplemente convencido banqueros locales y el gobierno que iba a traer más negocio, la venta de cerveza, y condenaron su propiedad, (por no tomar su oferta lowball) y dieron el alojamiento hasta el compañía de cerveza.

En un último ejemplo de esto, un hombre entró en el hospital por un accidente cerebrovascular. Estaba sano y recuperar bien el día siguiente. Cuando estaba siendo puesto en libertad, recibió una llamada telefónica de su familia ... A continuación se muestra la historia de su toma bancaria fraudulenta. Tenga en cuenta, que también nunca llegaba tarde en un pago, incluso. Esta es su historia:

"Un vecino llega

Ellie Mae ...

"Buenos días Junior. ¿Cómo estás? ¿Que esta pasando? Luces preocupado."

Júnior...

"He oído de gente en la tienda de tarta Bloomer que los desarrolladores están tratando de empujar hacia fuera y robar su granja. Hemos perdido nuestra granja que les hace tan sólo unos meses. Es decir ¿cómo es que vine a vivir con mi mamá cuando vino a traer nuestra familia un pastel a nuestra casa esta primavera. Tenía un pequeño derrame cerebral. Por eso, mi cara se ve como si sonrisa torcida. Entré en el hospital y en mi segundo día en el hospital mi esposa me llamó. Ella dijo que los hombres habían aparecido con un semi-camión y cargado todos nuestros tractores. Los hombres le dijeron que eran de la orilla. Mi esposa acababa de ordeñar las vacas. Ella estaba haciendo todas las tareas de la granja con la ayuda del primo de nuestro vecino. Al día siguiente, los camiones estaban de vuelta y esta vez se llevaron todas nuestras vacas. Mi esposa me pidió que llamar al banco y preguntar por qué. Me liberaron en ese tercer día desde el hospital y llamé al banco tan pronto como llegué a casa. Le pregunté al gerente del banco María por qué habían tomado nuestra maquinaria y todas nuestras vacas. María dijo que teníamos hasta el final de la semana para mover nuestra familia fuera de nuestra granja. Ella nos dijo que desde que había tenido un accidente cerebrovascular tal vez yo no estaba en buen estado de salud y no podía mantener económicamente con una granja. Me sorprendió y argumentó que yo estaba bien ahora y que mi mujer había conseguido una buena ayuda y mantenido con el ordeño y las tareas en mi ausencia y que sólo se había ido tres días. María no se movió. Ella nos ordenó que mudarse dentro de la semana. La Navidad era sólo dos semanas y fue a vivir con la madre de mi esposa. En la Nochebuena de viajar a Minneapolis para pasar las vacaciones con mis padres. Mi esposa Susie se sintió abrumado por la tristeza por la pérdida de la granja y por lo que ella dijo que ella y los bebés volvería a casa de su madre y que yo debería disfrutar de las vacaciones con mis padres. Nos hizo los arreglos para reunirse en tres días. De camino a casa, Susie y nuestros dos bebés eran tan triste porque el no se dio cuenta un conductor de fiesta, borracho, en coche por la doble línea amarilla. Ella y nuestras dos niñas fueron asesinados por un conductor vacaciones volcada. Por favor, no se rinda en su lucha por salvar su granja de estos hombres malvados. Yo estaré a usted y le ayudará si necesita cualquier cosa hecha en su granja "* (viene de la pág 83 del:." La conspiración de la serie: La nueva tierra ardid de fraude del 1%)

do. Los préstamos hechos, demostrar que son inherentemente mala.

Los préstamos no siguen las directrices apropiadas. Esto de por sí demuestra la verdadera intención de los bancos es tomar las propiedades. De hecho, hicieron intencionalmente un gran número de préstamos a las personas que de ninguna manera de la imaginación podría algún momento pagar el préstamo, sólo para tener propiedades, las cerezas, que querían poseer personalmente, o para los amigos.

re. Seguros - Seguro que los Banksters tomaría las propiedades Prestados ... y nadie podría interponerse en el camino.

Documentos de préstamo se forjaron, fraudulento, y es ilegal en todas las formas imaginables ... y ... en cierto modo más allá de toda conducta atroz imaginable de los banqueros. Algunas de 100 puntos de forja o fraude fueron descubiertos e indiscutible en cada uno de los préstamos de M & I que nuestras personas revisados. 98% de dicho tomada casas embargar de manera ilegal, se hicieron a minorías, negros e hispanos, pensando que estas personas no tendrían la intuición legal o medios para proseguir con el litigio restitución, según los investigadores de solvencia bancaria, justo antes de M & I Bank ser vendida a inversores canadienses. Los banqueros trataron de retener copias de los documentos del préstamo de los beneficiarios de los préstamos correspondientes. Los oficiales de crédito admitieron que aún no pudieron leer sus propios documentos del préstamo.

Notarios faltaban de fichajes. departamentos de revisión de préstamos intentaron utilizar sus sellos (un procedimiento generalmente se realiza aproximadamente 120 días después de la firma del préstamo para buscar los problemas de préstamos potenciales y reunión cumplimiento.) para que se vea como un notario había estampado en firmas de préstamos, que nunca había estado allí . Los documentos se duplican después de fichajes y luego se usa para registrar las hipotecas sobre propiedades adicionales, no se trata de tener préstamos que se les plantean. Los documentos se registraron varias veces en varios condados, con el fin de hacer el préstamo aparente, tal vez cuatro veces la cantidad original o previsto del gravamen. Esto a su vez eleva la cantidad hipotecada mucho más allá de cualquier cantidad de refinanciamiento-poder e impidió o se detiene el principio de la alegría o el uso de la propiedad, incluyendo la prevención de cualquier venta de salvamento de la propiedad en cuestión libre y razonable.

mi. Insurance Seguros utilizado para establecer la propiedad apoderamiento

Muchas veces los banqueros utilizan "con seguro propio" en los casos en los que realmente ascendieron a la usura. Estaban seguros colocados en las propiedades para las que no se proporcionaron avisos legales. Estaban seguros de lo que denominan a sí mismos o de sus propias empresas como sub beneficiarios. Una vez más, ilegales cepas de ingresos adicionales para los banqueros. Los seguros de exorbitante se instituyeron en los préstamos que se conceden por el bien de la toma eventual.

Mientras que las enormes tasas se añaden a los pagos normales, los pagos mismos son manipulados, así, añadiendo dolor a los heridos, lo que agrava el factor de estrés de los seguros ilegales. La combinación de la doble práctica es devastador para los dueños de propiedades. Es como cambiar una bala calibre 22 para una punta hueca. A veces los pagos, ya sea del principal, los intereses o los seguros, se les permitió continuar hasta que o bien habían robado el pagador en la pobreza, o hasta que un 'espera en el inversor alas' estaba listo para moverse en un proyecto que involucra a la propiedad en cuestión. En otras palabras, vamos a robar de usted hasta que ya no tiene, porque no estamos listos para robar y trabajar en su propiedad, desarrollándola a nuestro propósito, ... todavía.

Las tasas de los bancos-asegurarse son la usura pura y robo, en y por sí mismos. Se colocan a menudo por el banco sin previo aviso, y muchas veces se utilizan para tomar la propiedad. Ellos son casi imposibles de eliminar y prohibir si piensa que alguna vez obtener un reembolso cuando el error se les señaló.

F. Principal - La naturaleza de la directora está tan empantanado en un millar de esquemas. Es tan fácil de aumentar el potencial de poder adquisitivo de un bankster por la manipulación de este elemento intangible. Se puede, ya menudo lo hace, aumentar los ingresos de la bankster cuatro veces ... y nunca ser detectable por la presa de la máquina bancaria infalible.

En el ejemplo de la amenaza potencial aquí: Southern California Gas & Southern California Edison eléctrica tanto participar en programas que permiten a los consumidores actualizar su pago a la siguiente dólar o centavo, y donan que a obras de caridad para ayudar a pagar cuentas de utilidades de los consumidores indigentes y pobres ... Un centavo, y salva vidas!

banksters:

- Tomar los pagos realizados después de 2 p.m. cada día y lo considero como se paga el día siguiente. Basta con pensar, Multiplicar un día de los intereses de miles de dólares, de miles de préstamos, en miles de ramas, en cientos de bancos ... y usted tiene una fortuna en la manipulación de los pagos.

- Tomar cheques que quedan en los cajones, mis-acreditado a números equivocados y posteriormente corregido, etc., y así se puede ver el problema crecen.

- En un ejemplo, un secretario de la filial estaba enojado de que un cliente local, invitó a los pagos regulares de la hipoteca en su rama. Entonces ... ella decidió tomar las cosas en sus propias manos. Ella comenzó a tirar de los controles que vinieron a su rama. Cuando el cliente recibe una factura por un préstamo de tasa de restitución de $ 7,000.00 banco, el cliente entraba a hablar con el gerente de la sucursal. La secretaria que había sido aceptando los pagos con cheque, estaba sentado en el regazo de la gerente de la sucursal bancaria, pintándose las uñas. Cuando el cliente expresó lo que había estado ocurriendo, el secretario comenzó a gritar acerca de por qué habría de tener que hacer trabajo extra, mediante la aceptación de los pagos de un préstamo en poder de otra sucursal. Ella persiguió al cliente de la sucursal y agarró el cliente por el brazo, la perforación de la carne con las uñas postizas. El gerente de la sucursal bancaria corrió por la otra puerta, a su coche, y fuera de la zona de aparcamiento, que no quería estar allí cuando llegó la policía.

- En un ejemplo mucho más graves, los pagos aplicados a "pagos futuros" cuando obviamente están etiquetados como "Pagos reducción del capital" permiten a los banqueros de extorsión a utilizar todo ese dinero de forma gratuita, por sus propios esquemas de inversión precarias, hasta el momento en meses como el próximo ' pagos, se vuelven gradualmente debido y se acreditan, en algunos casos, muchos, muchos meses después. De esta manera, el banco "utiliza hasta" el dinero y luego, por supuesto, simplemente le pide al pagador para más. La clave aquí es que el interés va tan bruscamente hacia abajo como se hace CADA reducción del capital, que el banco a toda costa, el crédito a los pagos regulares futuros, en lugar de utilizar correctamente el nuevo saldo verdadera antes de calcular los próximos meses de interés mucho más bajo pagos debidos correctamente. Compuesto que por el pago adicional reducción del principal incluye con cada pago de dicho préstamo, y usted tiene un problema real. Los préstamos pueden en realidad han sido debidamente pagado en aproximadamente una cuarta parte del costo evaluado, si se utiliza director de contabilidad de pago de reducción adecuado. Ellos van a tratar de salirse con la toma de cuatro veces en cada préstamo para la vivienda que puedan si los receptores de préstamos no están educados y siempre en guardia cuidado.

- En el ejemplo del horror, en el libro: "La conspiración de la serie: La nueva tierra ardid de fraude del 1%," El banco mantuvo a raya en la venta de la propiedad hasta que se "utilizan" las principales cantidades pagadas. Yo hace un momento dado cuenta de esto. El banco había dicho una venta de ejecución había sido pospuesta post. Luego se presentaron con una factura de venta a un comprador preseleccionado, firmado por un Sheriff que también recibió un pago $ 50,000.000 por propiedad. Que se quita una subasta por "problemas legales" y más tarde se presentó como sólo el banco siendo el único postor ......right.

La ley dice que cada vez que un banco de ofertas y compras para sí mismos, puede que nunca volverá a tomar cualquier otra propiedad de esa entidad. Este banco tomó 12 parcelas de este individuo, algunas de ellas sin embargo alguno sobre ellos, diciendo que el país se le debe impuestos, pero sólo uno de los 12 tenían todos los impuestos adeudados y estaba en un programa de pago supervisadas, controladas por todos los abogados y el condado en completa satisfacción de mucho más que los términos hechas, siendo satisfecha.

En resumen, el banco nunca se había aplicado correctamente cualquier pago de reducción principales. Esto conduce a errores grandes y gruesas de intereses cargados. El dueño de la propiedad, sólo en los pagos a sí mismos, sin tener en cuenta el interés indebido de ser acusado en un equilibrio que es en realidad eran mucho más bajos, estima que los pagos eran alrededor de $ 28,000.00 por delante en el momento de la toma del banco. Una vez más, esto es en serio un eufemismo ya que el banco nunca fue reduciendo el equilibrio y la revalorización de los intereses correspondientes. efecto normal de dichos pagos se multiplica por cuatro el importe pagado. ES DECIR. $ 28,000.00 $ 112,000.00 se convierte.

Participantes en el sistema

En el ejemplo más reciente de convulsiones M & I Bank, fuimos testigos de los siguientes participantes:

El Director de banco local - En el esquema reciente de Estados Unidos, el director del banco proviene de un importante banco y de confianza en la comunidad. Es más a menudo un banco estatal; vamos a cubrir este aspecto más adelante. Se le promete enormes depósitos de llegar bajo su control y en su haber como reclamando un nuevo e importante cliente. Muchas ventajas y los aumentos se dan a la gerente del banco para atraer a los clientes grandes de dinero. Estos beneficios, aumentos y bonos, recibidos por el gerente de la sucursal bancaria local, sirven como anteojeras y golpearon a cualquier conciencia que queda en un estado comatoso. Recuerde el antiguo adagio: El don recibido persianas el ojo del mal que está detrás del acto. Éxodo 23: 8 NVI

"No acepte un soborno, porque el soborno ciega los que ven, y pervierte las palabras de los inocentes.

El gerente del banco local, entonces se convierte en el Tribunal de la Bankster Kingpen, un tribunal de la adulación y adoración, es decir. bufones de la corte. Nuestro director de banco no podía esperar para llevar a su nuevo cliente en todo el campo. Hicieron un circo de mostrar su nuevo premio. A partir de una granja a otra, la propiedad comercial para la propiedad comercial que conducía. A medida que la cubría todo el campo, la mitad del estado de Wisconsin, los pasajeros llamó propiedades de elección que deseaba recoger. "¿Tiene un préstamo en que uno? - Que sea "llegaron las órdenes. A menudo, esta orden vino de la Kingpen en el asiento delantero o en la espalda, acompañado con una secretaria banco designado para tomar notas en la lista de propiedades que se desee Kingpen. Incluso la secretaria que le dio cubrir siguió una larga lista específica de cuáles son las características que debe poseer para apaciguar a los gustos y preferencias demandas del Kingpen.

Lo acarreados por ahí como un pavo real premio. Oh Soo delicadamente pero con rondas de elogio escucharon millas de distancia.

Esto sirvió un segundo propósito: Se anunció la presencia de un nuevo jugador importante, de hacer una oferta por unos recursos limitados, el poder y la atención. Revolviendo la olla era necesario llamar en cualquier oposición posible, justo al frente. Esto permite al personal Kingpen para investigar las fortalezas y debilidades de los enemigos potenciales en las primeras etapas, antes de que puedan llegar a ser una molestia para su esquema. También proporciona una grieta en sus plumas se revolvió ante la sugerencia de que podría llegar a ser desplazados.

Ahora, ¿qué hacer con plumas erizadas? Bueno, ellos comprar a por supuesto. Esto asegura que después no pueden plantear la cuestión, ya que sólo quiere llamar la atención negativa a su "participación", incluso si el alborotador sólo se asistió a una reunión preliminar para discutir sus problemas. Muchos titulares pueden extraerse de la misma foto. Alborotadores se ponen rápidamente a descansar con unas pocas sugerencias inquietantes.

En su mayor parte, las plumas erizadas son rápidamente preened en su lugar. Después de todo, un buitre no puede volar en un estado de confusión tal y hay más presas de espera que otros buitres están llegando a tiempo mientras se está desperdiciando aquí. Sólo hay tanta carne podrida para dar la vuelta; Lo mejor es tomar lo que puede fácilmente y llegar a la siguiente víctima.

Al ofrecer a los buitres recogidos rápidamente, Kingpen gana poder y prominencia. Ha, después de todo, hacer su acto de presentación canina llamando para una reunión con ellos. Sus ofertas prueban esta demanda alfa. Él ha dado su conformidad a continuación, a su juego de poder, o por lo que son más rapidez a decirse a sí mismos.

No todo lo que se ofrece es tangible. De hecho, gran parte de ella no lo es. Sus ofertas al grupo dan aún más la cementación de la jerarquía que se reconoce entre sí; una rara oportunidad de jostle alborotadores en un renovado reconocimiento del lugar de todos en este grupo.

Él ofrece una segunda oferta a ellos: Potencia. El poder existe dentro de su propio grupo, pero ahora esto viene de fuera con la idea tentadora y la promesa de un alcance que va poder, más allá de los confines de su vecindad inmediata. Hay lazos políticos distantes a tener en cuenta. Ahora no son más que telas de araña, pero el nombre de goteo promete un ascenso en la escala política a través de la pertenencia a este nuevo círculo.

Por último, y probablemente menos importante de todos: Remuneración. Sí, en este juego de enfermos de adicción al poder y la jerarquía, el dinero es simplemente un premio de consolación. Cuando se enfrentan con la pérdida de una granja 28M a dicho Kingpen de esta historia, llamó a la viuda y le dijo: "No es el dinero ... He pagado 2.75M para ocultar lo que te hice ... Es el juego .. no voy a jugar el juego con una mujer ... que no negociará con una mujer ... no voy a perder el juego a una mujer ... "a continuación, los textos que sugieren que la mujer se encontraría haberse suicidado y otras amenazas fueron enviadas desde Kingpen al dueño de la propiedad que le corresponde.

En lugar de remuneración, muy pocos hombres prominentes se les prometió propiedades de elección para monedas de un centavo, a cambio de mantener los secretos sucios de Kingpen y su shlupping, salivación, seguidores.

Los compradores en espera -

Ahora que todo el mundo se ha añadido al equipo previamente solitaria del Kingpen de uno, Kingpen es ahora comandante de un ejército, un ejército de leales seguidores, deseosos de hacer lo que los comandos del 'Boss'. Sin duda. Las preguntas demuestran deslealtad y son punibles con la muerte. Hay muertes a morir, mucho más horrible que la muerte de carne en este mundo.

Los compradores que se prometen la tierra, los ojos con cautela los otros participantes. Usted ve, el corrupto Elite todos se alinean detrás de la propiedad de su codicia y la lujuria de sus ojos. Sus dioses son de oro y plata (la población de maret y la riqueza monetaria) y de madera y piedra y metal (por ejemplo, una lista monstruo mansión:. 'Gran casa de piedra, con diez dormitorios y catorce baños, se encuentra en cinco acres Tiene dos río. roca chimeneas de los hogares, camino de ladrillo, todos los nuevos accesorios de lámparas de latón al aire libre, encimeras de granito en cocina y baños, amplio madera de cerezo puerta principal, la biblioteca de madera de arce oscuro, dos terrazas de madera de teca, y alrededor de recapitulación cubierta de madera roja, rodeando un negro- fondo de la piscina concreta "Entonces ... ¿Cuántas veces se cuentan mencionado:. latón, madera, piedra ... ¿no ves que las mansiones de monstruos y nuestros propios hogares han superado a nuestro orgullo y convertirse en nuestra identidad, lo ponemos antes de nuestra familia y nuestra Dios. Ellos se han convertido en nuestro ídolo en esta última gran edad.

El Kingpen cuelga para completar su engaño en el codicioso de cada zona. Ya que se centran en el premio difícil de alcanzar, que apenas pueden ver los otros aspirantes, a través de su propia baba. Ya ves, no hay una sola buitre mirando cada propiedad sino tres. Tres que compiten por el premio mantiene un desequilibrio de la ecuación. Es este estado de desequilibrio que mantiene el Kingpen en el poder y mantiene ocupados a los buitres picoteando entre sí. Con sólo dos aspirantes al premio, los pájaros pueden repartir fácilmente el botín. Por alguna razón, normalmente hombres brillantes no pueden trabajar fácilmente un problema de división con el número tres. El exceso de baba empaña la visión, supongo.

La dimensión de los tres también alimenta a la psicología del jugador. El premio no es cierta. Es muy probable, especialmente a la luz sesgada de los hombres egoístas racionalización de la certeza de su propia jerarquía en el esquema de las cosas. Ciertamente tengo más que ofrecer en la certeza del poder que los otros. Ciertamente, puedo ofrecer una visión más clara de las vulnerabilidades y debilidades de ciertos propietarios, por lo tanto, de un mayor uso de la Kingpen. La codicia distorsiona la visión de estos hombres hasta que sólo quede una mancha de colores se puede ver, el pensamiento racional ya no existe. Ya que se alimentan más y más información al monstruo, apliquen progresivamente a sí mismos como inútil; cuando el monstruo tiene ningún uso de ellos, que extermina a sus rehenes.

Cualquiera que plantean desafíos se queman rápidamente. Su castigo es rápido y doloroso. Se hace como una ejecución pública. Esto elimina otra quejarse con la velocidad del rayo mal. Un ejemplo de esto fue en la lucha por una determinada granja en Chippewa Falls, Wisconsin. Un granjero se quejó de ser el vecino a una granja en el marco del plan de incautación y argumentó que como su vecino, que sería el candidato más probable para desarrollar la parcela. Después de todo, el número dos contendientes vino de otra región, mucho más al norte. Había un montón de otros premios para él en su propia área. El argumento parecía tener algún mérito. Por lo tanto, a la familia del granjero se sugirió que ahora deben colocar en depósito (en la sucursal local del banco controlado del Bankster) la suma de $ 300,000.00 para cubrir el costo de la "compra" de que el Bankster permitiría que la parcela para ser vendido por (después de su adquisición del banco por $ 50,000.00) en la propiedad costilla por valor de $ 28.000.000,00. Con ganas de decir su depósito para cubrir la subasta "oferta" que se acordó que ser "vendido" para, se había hecho, la familia entró en su dormitorio colchón, literalmente, y se fue a la ciudad con los $ 300,000.00 en efectivo. Esto no fue una transacción inusual, los bancos con frecuencia hacen peticiones a los agricultores en el estado para entrar con depósitos para cubrir los mandatos gubernamentales porcentajes de efectivo en la mano. Hacer las cosas de los agricultores guardan honorarios federación bancaria para el movimiento de dinero y cementadas sentimientos jerarquía entre los locales. Después de todo, los presos que conocen su lugar en la cadena alimentaria son mucho menos propensos a la revuelta. Pues bien, al llegar a la orilla en este día particular era otra cosa que la cubierta de caja procedimiento normal. Esperando para ser testigos fueron agentes del IRS que rápidamente tomaron $ 100.000,00 del botín que pagar por evasión de impuestos. Los agricultores aturdidos y enojado habían abofeteado de nuevo en su orden por una llamada de la Kingpen y su Bankster gerente de la sucursal de amigos. No hay otros se desafiar lo que se les dio, pero aceptarían sus migajas, no como águilas, buitres y otras aves de presa, pero las aves negras como no deseados, ahuyentó de la carne real: las espaldas primas y sangrientas de los pequeños agricultores que eran que tiene sus granjas robados de ellos en planes de tierras basados únicamente en la corrupción y sobornos.

El comprador Bankster Kingpen -

El comprador Bankster Kingpen comienza a transformarse en su forma verdadera. Sólo después de que todas las propiedades que se tomen no incluso revelar su identidad. Sólo se realiza para cerrar de golpe a la cara y las tripas de los dispersos por todo el campo de batalla de este municipio. Es un arco momentánea de la victoria del General de este regimiento triste y dispersas de soldados de infantería y engañados.

El general no levanta la visera por mucho tiempo. Es una mirada fugaz de júbilo, un haz de perforación de una luz oscura, que viene del alma que ya no lo es. Los que eran incapaces de identificar incluso su enemigo, ahora desean que nunca se habían contemplado en la cara de este hombre que es más de una conciencia momificado que de carne. A medida que baja la visera de nuevo, ya pasos en su equipo "B" para limpiar el campo de batalla y convertirse en su esqueleto de 'gobernantes de energía llamados' - miembros de la familia a sentarse en la silla caliente de la regla y el escudo identidad del Bankster mientras se mueve a conquistar la carne y granjas del condado vecino.

Pero él no deja su equipo totalmente indefensa, ya que quedan detrás de ocultar el camino de la ruina y la regla. No, se les ha dado un escudo para ocultar detrás también. En el tema de otro libro acto serie conspiración sobre este tema, toda la familia cambió su nombre de Wasserman para Wogernese. Corrieron las páginas de Google, que advirtieron que eran una familia de abogados sin escrúpulos y luego, cuando la carnicería desapareció de ese condado, las páginas fueron tomadas fuera de la Internet.

También protegió a sus estrechos mandos del equipo de acuerdo con las contribuciones. Muchos cientos de miles fueron pagados para poner miembros de la familia en posiciones de poder, ya sea en la prensa o en el gobierno y senado asientos. Una vez sentado en la primera fila, millones fueron luego pagan a los funcionarios aún mayor en el gobierno o para aquellos que compiten por posiciones o candidaturas en posiciones superiores de gobierno. Escudos estaban siendo construidas y favores estaban siendo adquiridas y archivados para un día lluvioso. Recuerde, Noé nunca había visto ni un solo día de lluvia. La llegada de inundación encontrará estos engañadores también.

El Agente de Transferencia -

Los agentes de transferencia a menudo se esconden detrás de las secretarias que simplemente hacen lo que les dicen sus superiores para escribir y de entrada en las computadoras. Siguen las órdenes de papeles, a veces no ver las pruebas u órdenes de cambio que se les dice super cedido sus órdenes. El volumen total y el procedimiento sistemático de una batalla de adquisición no es algo que se puede esconder y estas personas son tan culpables como el Bankster que apretó el gatillo por lo que hicieron y siguen haciendo hoy en día.

agentes de transferencia de la mayoría siempre se esconden detrás de las pólizas de seguro. Políticas de errores y omisiones que a veces tanto ellos como la compra Banksters, cubren una detrás de eso se debe whooped. Si alguno tienen la suerte de entrar en un tribunal de justicia ... ... y luego ganar. La compañía de seguro para los agentes de título y de la política del título del seguro para el Bankster, sobre la operación de propiedad particular, entran en acción para cubrir las pérdidas de la demanda. premios monetarios, si los hay, son todos un propietario puede esperar; propiedades rara vez se les da la espalda al verdadero propietario. Creo que tanto la propiedad mejorada se debe dar vuelta a la verdadera dueño de la propiedad y de la Bankster debe hacer frente a un mínimo de diez años en la cárcel, para cada propiedad robada y apoderado ilegalmente.

Los Notarios Préstamos -

Esta designación ha sido una burla de la humanidad en los Estados Unidos, durante demasiado tiempo. Un Phamplet rápida en reglas se memoriza y se whaalaah! Uno recibe su licencia de notario. No tiene más valor de ser una licencia que de correo en una tarifa para registrar un coche dentro de cualquier estado.

notarios de préstamos con mayor frecuencia, excepto en raros casos para la comodidad de un pagador préstamo distante, son empleados por el banco que concede el préstamo. El notario apresuradamente escanea un vistazo a una tarjeta de la biblioteca u otros documentos de identificación insignificante y casi cualquier persona podría firmar un documento de préstamo.

En una propiedad en cuestión en el análisis de unos doscientos ochenta condujo a este libro, el agente de los banqueros y préstamo para el receptor del préstamo se habla sobre todo de la estafa, que estaban a punto de cometer. El Notario, para su crédito, se puso de pie y dijo: ". Yo no voy a tener nada que ver con esto" Y él se fue. El préstamo fue a través de la firma sin banquero o préstamo de la firma, en cualquier parte del documento.

Un director de banco de una ciudad a 35 millas de distancia, intentó añadir documentos falsificados, nunca es una parte del paquete de préstamo original. Banqueros fabrican tanto documentos para cambiar el tipo de préstamo del dueño de una granja ocupada principal comprador, con un préstamo de negocios. Esto se hizo debido a que muchos de los documentos falsificados parecía haber cambiado tan mal que tuvieron que ser expulsados por completo. El paquete de préstamo comercial consistió en mucho menos papeleo y calificaciones mucho menos estrictas. Se esperaba que esto causaría que el préstamo para pasar por debajo del radar de las juntas de revisión de préstamos y los examinadores de la banca solidez.

Cuando el destinatario se dio cuenta de que fueron engañados, en cada uno de los tres casos se revisaron esto ocurra a los receptores de préstamos, el banco se negó a cancelar los préstamos.

El notario debe ser una salvaguarda para ser el último paso de la protección para el prestatario desprevenido pero tienen importante conflicto de intereses, personalmente, es decir. el ahorro de su propio trabajo, y han fracasado por completo en este pasillo necesaria fundamental de la protección prestatario.

El Sheriff -

Cuando el brazo fuerte de la ley se conviete en el brazo fuerte de la Bankster, América Latina ya no es. Debemos sentir un orgullo en la integridad y la naturaleza protectora de nuestra aplicación de la ley. Parece ser que la identidad nacional de este organismo en particular ha convertido inflado en el orgullo de sus números y dejado seducir por el poder y dinero para convertirse en delincuentes comunes en el empleo de los Banksters. Soy consciente de que no todos los sheriffs son tales, pero una vez que uno ha estado en servicio de la misma zona y de la misma compañeros oficiales, que cubre los errores de uno por otro, a ser tan complicado que la identidad de la persona buena se pierde entre los malos. El poder del uno bueno se vuelve aguado por la maldad de los muchos hasta que su voz ya no se oye, a veces literalmente.

En la revisión de todas las propiedades sujetas tomadas en Wisconsin, (y más tarde en los 15 estados en 2015 y expandido a todos los 50 estados de los Estados Unidos en 2016) del Departamento del Sheriff era un jugador importante. Amenazaron, acosados, encarcelados, intento de homicidio, y mucho más ... en cada instancia de robo de propiedad. Se cubrieron los robos terribles de la Bankster de la propiedad sería esperanzador sobrante compradores, para diezmar a la granja y los propietarios de negocios comerciales en la pobreza y el silencio.

Los locales del Sheriff estaban a cargo de la celebración de las subastas '' de propiedades en poder del 'secreto' Bankster y el gerente del banco local. Se escondieron detrás de la cubierta de decir que no eran más que llevan a cabo las órdenes dictadas por los tribunales locales. Sin embargo, muchos estaban en apelación o nunca habían tenido ningún tipo de juicio. Muchos abogados locales admitidos a haber aceptado pagos por lanzar los receptores de préstamos debajo del autobús. En lugar de defender un prestatario inocente y pagado por delante, abogados pidió juicios en contra de sus propios clientes.

A la luz de tantos préstamos y tomas propiedad que está siendo claramente ilegal, los sheriffs se volvió claramente en su responsabilidad primaria de proporcionar un ambiente seguro, legal y protección para todos los ciudadanos normales. En su lugar, participan en tácticas de mano. Amenazaron a los dueños de propiedades en el silencio. Lanzaron un poco en prisión, cárcel, o régimen de aislamiento, mantener a las víctimas de robo de tierras de hablar.

Sheriffs estaban a cargo de la celebración de las subastas " para las propiedades están "vendiendo" (a sí mismos). Más a menudo que nada, tal vez 25 personas estaban a punto de ver el circo. Las propiedades fueron llamados y luego anunciaron que ser retirado de la lista de subasta por "dificultades legales" y luego una o dos semanas más tarde, un comprador misterioso muestra como tener una oferta en la propiedad. En todos los casos, el banco local "compró" el tema de la cantidad monótona de un coherente $ 50,000.00 por sí mismos. En otras palabras, ellos patearon el prestatario fuera del título y simplemente ponen sus propios nombres en los hechos. Cuando el polvo o el vapor se disipó, ENTONCES nombres de los compradores MISTERIO fueron puestos en título. es decir. el constructo Wasserman Wogernese.

Así que por qué estaban involucrados del Sheriff? Es evidente que se detuvieron las propiedades de ser capaz de ser una oferta en que una o dos semanas más tarde declararon que habían tenido una oferta, desde el banco, y aún más misterioso: "Que no se han presentado ofertas."

A cambio de esta transferencia misterio de ningún postor permitió, a sólo una oferta postor, y siempre las mismas cantidades aproximadas ... el Sheriff recibió la suma de $ 50,000.00, esto dicho por el propio Wogernese en las conversaciones a una de sus víctimas, que se regodeaba encima.

Esta cantidad parece ser el número mágico y aparece en los estados 'tantos otros que todos ellos corroboran entre sí y se considera difícil sin refutar, sin oposición, pruebas.

Los abogados locales -

Y ahora llegamos a nuestras pequeñas joyas. Aquellos codicioso, sin conciencia, demonios que participaron en el esquema de desprenderse de América del sueño americano, es decir. propiedad de la vivienda. Una vez más, se habla de un 90% que se observó la participación en la estafa original de Wisconsin. Tenga en cuenta que se espera que los 50 estados de seguir con las mismas tasas en todas las categorías participantes. Por esta razón, se utilizó Wisconsin como el modelo de prueba. Se convirtió en modelo de prueba para juzgar la reacción de personas, la avaricia banquero y la participación, modelos de conducta de los líderes de la comunidad y la forma de complacer a ellos, y cómo dejar de lado tanto el sistema legal y las agencias de la ley.

Por lo tanto, de vuelta a los abogados y la forma en que estaban involucrados. El gerente del banco local, asume de nuevo su papel de títere oficial a la Bankster. Señala el que los abogados son conocidos por la ética, los pocos, y los abogados conocidos entre jugar bola dura o la piscina sucia. Cada abogado en cada ciudad es entonces contratado para escribir una letra en relación con una cuestión jurídica banco u otra tarde. El papel de la representación se cementa. Los lados se dibujan.

Dado que el régimen entra en juego, los abogados honestos y éticos están llamados a representar a los dueños de casa desesperadas y afligidas. La sentida petición arranca el corazón del buen abogado. Pero, con las manos atadas. Él tiene un conflicto de intereses en que ya representa el "otro lado", un socio secreto misterioso y no declarada de la gerente de banco local: el Bankster.

Los abogados de bolas duras se ponen en juego con sobornos. Los sobornos se presentan en forma de tanto dinero en efectivo inmediato y 'trucadas victorias' en su próximo número de casos. En la primera propiedad en cuestión que nuestro estudio dirigido, el abogado Raihle admitió haber tomado $ 330,000.00 en efectivo y otros diez casos gana en sus próximos casos. (Estas 'victorias' le permitirían declarar una cantidad arbitraria de los honorarios legales a cargo para el lado de la oposición, y se pagará de inmediato a él.) Esto equivale al lavado de dinero!

En este caso, el banco después de todos los despojos se dividen los Banksters 'de elección entonces se vende como un banco con sede en efectivo con la propiedad de inventario cero en default. Esto equivale TAMBIÉN PARA LAVADO DE ACTIVOS Y es un elemento planificadas en todo el esquema quiebra bancaria FRAUDE: BMO HARRISON Bank, con sede en Canadá, fue la avenida Blanqueo utilizado en el primer esquema de quiebra de un banco Wasserman Wogernese.

Procurador Raihle, en este caso, admitió que dicha rentabilidad y el futuro caso gana, en la corte, utilizando dicha admisión a declararse fuera de la caja. También esto es sólo otro ejemplo de la planificación estratégica sucia. Luego salió de la madre soltera de handicap sin asistencia legal. Sin extensión momento de la concesión y el caso siguió adelante sin representación justa y adecuada por cualquier consejo legal y competente. Y con la mujer, siendo el 100% de handicap de forma permanente, por el amigo de la Bankster corriendo sobre ella con una carretilla elevadora. Este accidente dejó intencional Ribera con una lesión en la columna vertebral, cirugía de la espalda de emergencia, y 8 golpes posteriores.

Tal estado indica que el Estado empuja a través del caso, bajo pretexto del dueño de la propiedad queriendo renunciar a todos los derechos de propiedad (una mentira descarada) e intencionalmente se aprovechó de una persona a discapacitados, claramente incompetente para manejar propio caso, y sin embargo no hay tiempo ni consejo fueron nombrados. Sin duda, este caso es merecedora de ser reabierto por el Departamento de Justicia, ya sea en el estado, o, por el Departamento de Justicia Federal.

CULPABILIDAD -

A pesar de que algunos pueden ver diferentes participantes en diversos grados de culpabilidad, todos los participantes son igualmente culpables. Estos esquemas de fraude de la tierra y de banca robaron la tierra, casas, negocios, cuentas de jubilación, activos, bien real y personal, y la dignidad de la existencia humana. Sólo Dios puede juzgar a los horrores que se cometen en los demás seres humanos, pero puede que rezar para que los jueces y los investigadores se levantará para rectificar algunos de estos males y traer de vuelta una fe en los demás seres humanos.

Los bancos estatales - utilizados

En general, un banco estatal se utiliza en cada uno de los 50 estados específicos. El punto es doble. Uno: Mantiene los reguladores federales fuera de sus colas. Dos: Se mantiene la responsabilidad compartimentada en caso de la necesidad de control de daños.

Si el esquema de robo está bajo fuego por cualquier razón, se encuentra en un estado de control de daños de bomberos del estado. Las debilidades pueden ser evaluados y los nuevos métodos de cubrir y llevar a cabo los robos pueden ser reformadas y luego llevados de vuelta a otros estados antes de que experimenten las mismas señales de peligro. Si los daños estalla en demandas de pleno derecho, a continuación, los rendimientos utilizados para evaluar premios son significativamente más bajos también.

El esquema de un estado a otro de robar fondos bancarios y carteras de los bancos de propiedad '' propiedades mantiene el "ojo Federal 'a una distancia también. Muchos estados están en el nivel incipiente de crecimiento económico. Estos esquemas de robos bancarios respaldados es relativamente nueva en las zonas rurales de confianza de la comunidad históricamente. Las leyes no son estado uniforme de orificios estatales y muchos se pueden observar por lasciva a los ladrones. Los ladrones nos están robando de ambas fuerzas en la banca, y la confianza y la fe en el sistema ser capaz de proteger al pequeño de los buitres.

Apreciamos una reglamentación uniforme que se realizan para asegurar que podemos capturar y hacer que los ladrones bancarios pagan la sociedad de vuelta para estos robos inmoral y atroz de la libertad, en vivo, y la libertad en la preservación de nuestros hogares y nuestras familias. La mayoría de las regulaciones bancarias y de crédito corresponden a las regulaciones similares de estado a estado.

Las regulaciones bancarias o de crédito principales son violados en sus estafas. Ejemplos de estos incluyen violaciónes de 3 días Derecho de rescisión garantiza la protección de los prestatarios. Otra norma de protección son la verdad en los documentos de préstamo, etc. La naturaleza de estos son para permitir la divulgación completa de lo que el banco tiene la intención de ofrecer un prestatario y las cláusulas de protección para disuadir a los préstamos de alta presión hechas con mala intención. Estos son necesarios para ser dado a ambos cónyuges, si es o no uno de los cónyuges se incluyen como siendo nombrado en el préstamo. Cuando estos documentos reglamentarios no se hizo una parte del préstamo, los derechos contenidos en éstos se hacen relevantes a partir del instante en que el prestatario hace descubrimiento de estos términos. Todos los fondos no tienen que ser reembolsadas y los préstamos pueden ser canceladas. Estos a menudo requieren la mano de supervisión de un abogado sólo para asegurarse de que el programa es empujado de manera oportuna y correcta. No es necesario contar con asistencia profesional en esta recomendación, pero el abogado es muy recomendable para que uno hace todos los elementos necesarios en un tiempo oportuno. Esto es para asegurarse de que lograr los resultados deseados, y se puede demostrar que sus acciones fueron oportuna. El tiempo hace la diferencia entre la protección y la pérdida de los derechos, para siempre.

Se puede argumentar que si la víctima sigue sufriendo bajo las pérdidas causadas por los robos del banco, que el reloj de la jurisdicción todavía se está ejecutando. Es decir. daño todavía se sentía, reloj de tiempo para correr en la posibilidad de presentar cargos por los daños ni siquiera ha comenzado, hasta daños sentido no son más. Esto no es altamente reconocida por los tribunales en este momento todavía, así que asegúrese de obtener un abogado de inmediato si experimenta cualquier robos bancarios o de propiedad o sospecha que es víctima de una estafa bancaria o fraudulenta. Ponerse en contacto con el FBI siempre se recomienda también, en estos casos.

Etapa V - LIQUIDACIÓN DEL BANCO COMIENZA -

Una vez que todas las propiedades son agarrados por el gerente del banco local, el café se toma Bankster todo el tiempo en el escritorio del director del banco, el frenesí real comienza. El Bankster comienza a "vender" todas las casas que ahora es propiedad de la cartera de inmuebles de los bancos. Amigos de la Bankster consiguieron una granja de $ 185,000.00 que fue valorado en $ 485,000.00. Otro hombre tomó más de 27 propiedades de alquiler en un sitio de remodelación primer situada junto a un desarrollo completamente nuevo de la ciudad centro de la ciudad, junto al río más clara en la región, el desarrollo Eau Claire río, Eau Claire, Wisconsin, para un simple $ 25,000.000 total para todos 27 propiedades, celebradas previamente por un jubilado de edad avanzada. La propiedad comercial cereza era una finca de cinco acres en la calle de Walmart, EJ Inversiones, McD, etc., y se valoró en $ 28.000.000,00, pero fue a la Bankster. El gerente del banco vende esta propiedad en el Bankster por tan sólo $ 53,000.00.

Toda la escena se parece a algunos de los nuevos adultos borrachos jugando un juego de ganancias de monopolio, solamente no hay marcadores de coche de plata en este juego de mesa; Este juego de mesa utiliza las propiedades reales y el pago se realiza ya sea en la sangre humana real o en la hipoteca de las almas al diablo.

El nuevo lema es: Se puede olvidarse de alll APOYOS EN LAS CARTERAS ... Entonces, VENDER A "sólo en efectivo" BANCO tal forma que nadie mirará PRÉSTAMOS en su cartera. ¿Cómo? Así, la cartera de préstamos 'malos' y las propiedades incautadas está vacía!

ENTONCES ... .cry DE PÉRDIDAS DE PRÉSTAMOS "malo"

ENTONCES ... GET rescate del gobierno por la diferencia entre lo que vendido una casa ROBADO A SU AMIGO Y LO QUE LA CANTIDAD saldo del préstamo real es ..

ES DECIR. TENÍAN INCENTIVO A NOOOOOO trabajar con los prestatarios.

Y

Después de todo, sólo sirvieron para hacer los préstamos en primer lugar, el fin de robar accesorios que tanto ellos como amigos querían. Estos préstamos fueron hechos a menudo para aquellos que no podría hacer los préstamos. Ellos se hicieron a las madres solteras, los negros, los hispanos, los que utiliza Inglés como segunda lengua, los que tienen pocos miembros de la familia o de la comunidad para el apoyo potencial, ancianos, discapacitados ... cualquier persona al que los banqueros pueden aprovecharse de los malos. Fueron hechos con el fin de robar el último centavo de los pobres. Para exigir todos los robos posible de la salud económica o la banca de todas y cada pueblo en su plan sistemático de robo monetaria y el fracaso. También mantienen teniendo cada pago posteriormente hizo ya que cada familia gana más ingresos, el banco sigue tomando todo lo que una familia que lucha las arregla para conseguir adicionalmente. Siguen esta agenda hasta que estén listos para moverse en el desarrollo de las propiedades de esa zona. Es decir: seguir haciendo mis pagos para mí hasta que esté listo para tomar su casa y derribarla para construir lo que realmente pienso todo el tiempo para construir aquí.

ENTONCES...

TOMAR millones y darle a los políticos para comprar su LIBRE de PASS CÁRCEL. Y, también Dales un recorte de una parte del dinero para poner su PARIENTES EN SENADO eléctrico de modo que usted puede robar AÚN MÁS !!!

Entonces, usted separa unos pocos millones de dólares de ganancias para el más alto de los políticos o los candidatos de alto oficina de clasificación de esperanza. Esta compra amistad, las posibilidades futuras posición en el gabinete, entrada en grupos exclusivos, organizaciones y clubes .... Las posibilidades son infinitas. Al menos hasta que la droga del poder va a su cabeza y se ponen agresivos en contra de los candidatos que han pasado toda su vida en una cuidadosa preparación para los sueños y planes para toda la vida.

Los banqueros saben los papeles que el dinero puede comprar, pero son sin refinar y saber ninguna de las reglas de la política que otros han pasado 40 años o más refinado y preparando para. ¿Cómo puede este nuevo dinero arrogante comprender cada vez la vida de sacrificios y que viven bajo la lupa de la lupa? Ellos nunca entenderán. Ellos nunca van a pagar los aspectos propios de los defensores de la vida de la vida pública y el sacrificio. Pisan los pies. Se niegan a ceder a los líderes matriarcales y patriarcales líderes de muchas generaciones de planificación y auto-sacrificio y nunca pueden entender el estilo de vida estricta que otros han pasado su vida entera de aprendizaje y de vida.

Este temerario nuevos neumáticos de dinero a esas familias "dinero viejo" que trabajan con elegancia una habitación. Los nuevos Banksters busto sobre como un elefante en la cacharrería. Es difícil vivir siempre bajo el escrutinio público y estas nuevas Banksters se niegan a incluso aprender las reglas del juego, y mucho menos seguir el ejemplo de otros. Los advenedizos jóvenes robaron y se reproducen en el trabajo de muchas otras generaciones. leyes y reglamentos Sly que los peones no se habría dado cuenta de lo contrario, el Banksters traer brashly a la parte frontal del ojo público.

¿Cuántos líderes anteriores de gobierno tendrían darse vuelta en su tumba si pudieran ver la indiferencia evidente de estos occidental gran alarde arrogantes. Pronto el rey reinante y la reina de los reinos económicos y políticos le destierran estos Banksters en trapos y volver a los niveles aceptables de distribución de la riqueza. Es bien ese fin, o, las masas antidisturbios y todo el reino se caerse y ser olvidado. El polvo del día volará a cabo con el primer viento del desierto y ni siquiera se molestan en ser registrado en la historia. Que la humanidad de rescate de élite de la destrucción que el Banksters temerario nos están conduciendo hacia. Después de todo, si no hay una base, no puede haber una parte superior. Sin una base de población sana y feliz y productivo, ir a la cama todas las noches con sueños felices y alcanzables, nuestro dinero se convertirá en un valor menor que el dinero tablero de juego.

Permítanme repetir esto:

El Nuevo Programa es: Se puede olvidarse de alll APOYOS EN LAS CARTERAS ... Entonces, VENDER A "sólo en efectivo" BANCO tal forma que nadie mirará PRÉSTAMOS en su cartera. ¿Cómo? Así, la cartera de préstamos 'malos' y las propiedades incautadas está vacía!

ENTONCES ... .cry DE PÉRDIDAS DE PRÉSTAMOS "malo"

ENTONCES ... GET rescate del gobierno por la diferencia entre lo que vendido una casa ROBADO A SU AMIGO Y LO QUE LA CANTIDAD saldo del préstamo real es ..

ES DECIR. TENÍAN INCENTIVO A NOOOOOO trabajar con los prestatarios.

En otras palabras, los Banksters estola todas las casas posibles. Se les prestan por enorme apalancamiento del 95%. Se apoderaron de las propiedades. Ellos los venden a amigos o ellos mismos por centavos de dólar. Después consiguieron enormes RESCATES BANCARIOS para "Los bancos no se pudo". A continuación, los taxpayors para las próximas tres generaciones se ensilla que pagar enormes déficits presupuestarios. Los Banksters salir con todas las propiedades, todo el dinero, todo el dinero del rescate. Luego venden el "banco". Luego se dividen los beneficios. Luego se pagan a sí mismos enormes paracaídas de oro "porque perdieron sus puestos de trabajo" ????

Oh, no, no se detiene allí!

A continuación, van a presionar para que los bancos rupturas para ocultar más de lo mismo a gran escala. Esto ocultará todas las pruebas del primer esquema de banca. Nada de lo entierra y quema evidencia mejor que una ruptura de los bancos. Los nombres y las computadoras están cambiados o destruidos. Lo que hace que me lo preguntas? Pues bien, se limpia la pizarra y nadie puede demostrar lo que acaba de ocurrir ... nunca más. Sólo en caso de que alguien comienza a husmear ... cuando lo hace de nuevo!

No permita que los bancos de ruptura hasta que estas acusaciones pueden ser investigados. Primero ocurrió en Wisconsin 2007 al 2014. A continuación, el plan fue perfeccionado y llevado a 15 estados en 2015. Los bancos están esperando para destruir todas las pruebas a medida que avanzan a tomar a los 50 estados a partir de 2016. Recuerde que van detrás de todos y CADA propiedad deseable; que están obligados a las cosquillas de algunas personas que previamente se pensaba que eran la personificación de la riqueza o el 'intocables' ... por desgracia el dinero no conoce amigos. No se equivoque, vendrán para usted, su familia, sus amigos, sus conocidos de negocios ... todo el mundo! A medida que los gritos de indignación subida por encima de las llanuras ... "púrpura y granos de trigo de oro" algunos llamarán para las investigaciones de estos Banksters. Pero ... oh, Dios mío ... los registros se han ido! Destruido en la ruptura bancario.

BREAKUP BANCO SE resultar desastroso

Desintegración de los bancos es deseada por los bancos culpables de cubrir sus huellas. Cualquier ruptura de LOS GRANDES BANCOS sería fatal a América. La ÚNICA esperanza de activos reestablecer la calma y remuneración de nuestras pérdidas se sella y se perdió para siempre si se les permite estar roto grandes bancos. 1.) Romper grandes bancos activarían el cable de tracción de los blindajes y los Banksters y funcionarios bancarios corruptos flotaba suavemente hacia refugios en otros países. A medida que la tierra en cojines de aterrizaje gigantes de bolsas de dinero en efectivo, que vivirían sus vidas bebiendo piñas coladas y nunca mirar hacia atrás. Ellos sufrirán más para tener cricks en sus cuellos de siempre mirando hacia atrás sobre sus hombros. Pero no se preocupe algunos lo llaman Karma, pero sé que es Dios; El juicio vendrá un día, mientras que ahogan en que las semillas de bayas en ese cóctel lado del océano frío y de repente se encuentran ante el tribunal de nuestro Creador Todopoderoso. La mejor manera que conozco sobre la manera de explicar lo grande de un error sería para romper los grandes bancos es una antigua granja que dice: "¿Qué bien le hace a cerrar la puerta del establo después de las vacas ya están fuera.

En primer lugar, debe emitir auto de procesamiento de todos los funcionarios superiores de los principales bancos. Esto incluye los funcionarios de los bancos vendidos a otros bancos o disueltos. En segundo lugar, aprovechar todos los registros - pública de los grandes bancos, Y, el personal de todos los gestores de dichos bancos. Haga esto hasta el gerente y asistente de gerente y la secretaria del gerente, de todas las ramas locales de dichos bancos. En tercer lugar, esperar a que las aves para comenzar chillando y tratando de huir de los gallineros. En cuarto lugar, comience a tomar deposiciones masivas. No estar preparados para esta onda; Haga que todos los asistentes legales se emparejan, las deposiciones de registro, y los apilan para arriba. NO empiece a hacer ningún tipo de inmunidad contra los acuerdos de los cargos por el momento. Sin promesas. Período. El que canta el más puede conseguir nuestra indulgencia. Mantener una actitud "Veremos". Cuanto más tiempo que el sudor los pájaros carpinteros, más se va a recordar y añadir a las cuentas vigiladas anteriores de recuerdos. Utilice la privación del sueño, falta de alimentos, lo que sea ... sólo por favor guardar el submarino para el interrogatorio de los principales Banksters y gerentes de los bancos solo ... JK (tal vez).

Desintegración de los bancos antes de que esto hará que investigó los activos y remuneración más difícil de rastrear y hacer. Digo legislar para que dé la espalda de todas las propiedades tomadas. Esto significa que si usted tenía un montón y ahora un enorme hotel se encuentra en esa tierra ... .Congratulations! Ese hotel ahora le pertenece a usted. Sólo una parte del juicio punitivo y putativo contra el Banksters. Un premio en efectivo también deben ser incluidos. Debería ser suficiente para que cada familia para vivir cómodamente en adelante, para el resto de sus vidas ... años .after todo, han despegado de todas las vidas de las familias afectadas: la salud, la angustia, la desintegración familiar, los niños están tomando de distancia, los episodios de falta de vivienda, la mala salud y el sufrimiento y la falta de medicamentos y una dieta adecuada, física, sexual y abuso mental a manos de estos banksters ... .Estas banqueros que hacen las quiebras bancarias, con el fin de ocultar sus robos, necesitan servir la cadena perpetua sin posibilidad de libertad condicional, por todas las vidas que han destruido. No se olvide, que incluso asesinados muchos de conseguir, amenazar, u ocultar estos robos también. En los casos en los que se pone de manifiesto, asesinato en primer grado debe ser cargada y la pena de muerte busca que estos Banksters malignos.

Para romper LOS GRANDES BANCOS ante la evidencia y penalización de los participantes en el esquema Robo del dinero es absurdo y criminal; ES también lo que están defendiendo. Borraría el rastro del dinero. Récompense EN MULTIPLES DE DINERO adoptarse es el único fin de este juego que puede ser. Volver a las normas religiosas antiguas que cuando uno está atrapado robando, deberán devolver a su víctima 7 veces la cantidad robada. También deben dar otras dos veces las cantidades robadas a los fondos de las víctimas o niños sin hogar o programas de alimentos para los pobres. Otra parte se administra a dividirse entre todas las iglesias en el condado de cada robo. Esto a devolver las iglesias para las cargas de la pena y el asesoramiento que se sentían y tensas bajo, mientras que sus miembros de la comunidad eran de dolor y duelo tales pérdidas personales y familiares pesados. Esto también se cumple con el mandato bíblico para dar una décima parte de regreso a Dios.

Después de todas las pruebas está en su lugar, los procesamientos realizados, graves penas de prisión dictadas ... luego decidir sobre el liderazgo de tipo jurisdiccional para que los bancos siguen. Estos serían similares a la regla de tres parte del gobierno de Estados Unidos: Legislativo, Ejecutivo, Judicial ... .possibly un comité de tres hombres a la cabeza de cada banco. Hacer algunas medidas para establecer la rendición de cuentas. A continuación, hacer un número máximo de sucursales en cada estado y en todos los estados en total, una especie adelgazan abajo de la desregulación. No total de descomponer la identidad del banco en su totalidad. el reconocimiento y la alineación de cada producto es necesario para efectos dentro de la población de estabilización. Y, si crea una bestia completamente nuevo, usted no tendrá ninguna pista sobre las características del nuevo Frankenstein. Mejor hacer publicidad de las sentencias de retribución y severas de prisión para los líderes codiciosos y mantener el liderazgo en el cheque, de ese modo.

Etapa VI - Holding Banksters Responsable -

¿Qué ha fallado hasta ahora en Investigtions quiebra de un banco?

1. Arrastre a cabo investigaciones - negar - difuso - confundir

2. Pesada Notas de prensa cuando las multas dictadas

- Desvía la atención y desinfla el poder en la justa indignación del pueblo. Presione pesada en relación con las multas por mala conducta bancarias sólo sirve para difundir y confundir al pueblo; Se etiqueta el asunto como cerrado sin abordar adecuadamente ninguna de las cuestiones planteadas. Se retiene el cierre necesaria en la población. La hostilidad de la gente hierve a fuego lento, la creación de una "Receta para la Revolución." C 2016 blanco e.

3. No existen procedimientos judiciales y declaraciones o pruebas planteado es siempre a disposición del público. El secreto de los procedimientos plantea serias sospechas de "Partes en el pórtico." C 2016 blanco e. ¿Sabemos si realmente están investigando y litigar nada detrás de las puertas cerradas? Tal vez no son más que delatar sables hasta que un "trato" se puede hacer entre los investigadores, los Banksters, y el Gobierno (que dice que ellos saben lo que el público y la economía puede soportar ... es decir. Nos va a salirse con cualquiera que sea el "Frijol -counters dicen que podemos "(citado a e. ribera, por ambos Consejos, durante un caso previo de los cuales $ 98,000.00 de daño intencional a su propiedad

fue admitido. fue un abuso intencional y diseñado para expulsar a los residentes legales de su paga fuera de la finca).

- ¿Cómo se conoce a nadie lo que están discutiendo en absoluto; Están negociando por sí mismos? Son los "investigadores" ellos mismos, en una capa adicional de la corrupción? Están tomando pagos ilegales con el fin de establecer "palmada en la mano" multas monetarias? ¿Por qué la medida de castigo únicamente que se toma siempre? ¿Dónde están las cantidades reales de robo? ¿Dónde están los castigos devolviendo a los robos? (En lugar de convertirse en la compara con una "ligera impuesto" o un "costo de hacer negocios" molestia menor costo de entrada de su ecuación económica del rentable "Bankster-ción."

>>> ¿Cómo sabemos que los Banksters, los investigadores y los jueces, no están teniendo una fiesta de carne y champán. Tal vez se están discutiendo las futuras empresas conjuntas. Tal vez se están discutiendo recortes porcentuales o pagos (rentabilidades) para mantener fuera del escrutinio público futuro. Esto es similar a la aplicación de la ley teniendo cortes de casas de marihuana invocando, como "costo" de la aplicación de la ley haciendo caso omiso de las actividades ilegales.

Otro ejemplo de esto es la siguiente historia:

Un avión dis-ladrar en Colombia. Cuatro personas fueron a la estación de taxi y transporte solicitaron a un pequeño pueblo de la selva. El conductor del taxi a todos ellos cargado en su taxi y luego los dejó durante unos minutos, mientras que regresó a su oficina. La gente era una pareja nativa - un novio y novia, y, un misionero de América, con un guía local del pueblo de la selva. El taxista regresó y comenzó a conducir las 12 horas en un camino estrecho, en las montañas. A veces el camino era de asfalto y, a veces era de tierra. Él condujo a un rápido ritmo constante. De repente se desaceleró a un determinado lugar. Los hombres saltaron de los árboles. Estaban en uniforme. Eran Policía de Colombia. Llegaron directamente a la ventanilla del pasajero y exigieron el pago. Dijeron que iban a mantener a la mujer y que podría volver para la mujer, y buscar para ella en la selva, en 72 horas ... "Al igual que la policía estadounidense ... sí?" Desafiaron. De repente, una mano salió del asiento trasero y una pila de monedas de oro se puso en la mano del oficial. El oficial se quitó el sombrero y dijo: ". Que tenga un buen día" La cabina luego enrollado ventana de la mujer y comenzó de nuevo en su camino, sin decir una palabra. Se podía sentir la ira en ese taxi. El taxista había, al parecer, muy, llamado con antelación. Había dejado que la policía sabe quién era su tarifa y la cantidad exacta que la policía pudiera exigir de sus pasajeros. De esta manera, se ganó la manipulación indulgente de la policía en sus propias causas. Que había pagado por su favor negocio con nuestra piel! Por cierto, la mujer en ese taxi era yo! Más tarde, el pueblo fui a, informó a todos que yo era una mujer no sólo para el amor y el cuidado de las personas y de la policía local y los elementos de la zona que fui a eran absolutamente maravilloso y cordial a mí. Mi sinceridad había ganado su corazón. Pero ... Veo investigadores los banksters 'actuando de la misma manera. Si no lo estaban haciendo por lo tanto, veríamos mucho más transparencia en la investigación criminal de lo que estos son Banksters, intencionalmente y con avidez, perpetrando en el mundo. Esto no es una investigación sobre una empresa en crisis: déjame ser perfectamente claro: esto es intencional y actos criminales perpetrados en toda la sociedad en todo el mundo!

Como mantenemos tales en cuenta, a lo largo de esta misma línea de pensamiento, sin embargo, claramente diferente: ¿Qué sabemos acerca de la gente utiliza en el proceso anterior y decidimos que en la elección de los investigadores utilizaron? Esto plantea los problemas de flujo:

4. Los hechos Unsaid - La investigación de todos los hechos son retenidos de vista del público. Nadie sabe: 1.) ¿Quién hizo la investigadora, 2) que los contrató, 3.) ¿Quién Son que informe a, 4.) ¿En qué normas y procedimientos de rendición de cuentas son ellos llevan a cabo para, en cuanto al alcance y la veracidad, de su investigación y presentación de informes. 5.) No se menciona en absoluto en cuanto a sus calificaciones ... en absoluto. 6.) Sin Hoja de vida de las investigaciones anteriores que han sido realizadas, aparte de. Es decir. Quienes han investigado previamente y cuáles fueron los resultados de esas investigaciones. (Es decir. ¿Son conocidos por su indulgencia, supervisión, o simplemente mala visión.) 7.) ¿Dónde están los informes? 8.) ¿Qué análisis de la situación financiera de los investigadores, es lo que sabemos acerca de cualquier persona o?

5. Hacer la investigación transparente. Las personas deben saber:

1.) todo sobre los investigadores utilizaron. Debemos saber: su educación, su hoja de vida - Todas las investigaciones anteriores - las empresas investigadas - y todos los resultados de los hallazgos y multas> PUBLICADO, su condición financiera, ¿tienen alguna evasión fiscal, la evasión de impuestos o inversiones en el extranjero en su familia, su informe de crédito, y, ser capaz de ver sus propias declaraciones de impuestos personales. También debe ser la divulgación y la declaración jurada de no conflicto de intereses, presentada y que forma parte de todas y cada investigación, y que esté terminado informe breve. Las personas deben saber si el perro pitbull del investigador fue criado con el caniche del reportero de corte! Divulgar todo!

6. Un consejo: Si los medios de comunicación tradicionales y el gobierno están presionando para que el banco ruptura ahora, campanas deben ir fuera ... Porqué no se lo presionaron para que antes de que todo esto sucedió? ¿Por qué esperaron hasta ahora? Justo antes de la segunda ronda y otro fracaso bancario? Si sucede en este momento, 15 estados perderán sus hogares para siempre. Responsabilizarlos PRIMERO!

¿POR SOLICITUD DE TODO LO ANTERIOR ....?

Es

Etapa VII - Reintroducción de viejos esquemas están programadas para comenzar en los 50 estados, a partir de 2016. ¿Qué vamos a hacer? Este no es un libro que acaba de leer, tener una idea buena sensación e ir a la cama ... Puede que no sea allí cuando vas a levantarse si lo hace.

- Haga una lista de todas las direcciones de correo electrónico o postal de todos los miembros del Congreso y representantes del estado. No permita que le pegarlo en el cuadro tradicional de: "Usted debe vivir en mi distrito y el problema debe haber ocurrido a usted, también en mi distrito". Esta es la antigua "pasar la pelota" deferencia. Todos nosotros, son un pueblo unido, no importa en qué ciudad, ciudad, condado, estado o país, que vive en el. Debemos unirnos y todos bombardear todas las posiciones en el gobierno para la investigación y la remuneración de los robos Bankster que nos han llevado al cierre del banco intencional y fraude bancario. Es su obra, que son culpables, deben pagar, tienen que pagar varias veces más, por el daño que han hecho ... no nuestros nietos, para ser empadronados como esclavos bajo cargas pesadas que no iban a levantar un dedo para tocar a sí mismos .

- Proyecto de un párrafo de este problema y el número de ISBN y el título de este libro y colocar a todos sus amigos de redes sociales. Pregunta a todos a publicar de nuevo el párrafo completo a todas las portadas de todos sus amigos de redes sociales.

E Incluir libro relacionado con todas las conversaciones y los detalles exactos de nuestro ejemplo el robo de la propiedad:

La conspiración de la serie: La nueva tierra ardid de fraude

del 1%

por E G A R White

Encontrado en Amazon punto com con el número de ISBN - 13 978 1519455161

Y

La conspiración de la serie: Banca esquema de fraude de rescate

por E G A R White

También encontrado en Amazon punto com bajo el número de ISBN Título ID: 6229106 ISBN-13: 978-1532908101

- Haga una lista de todos los miembros del Congreso, representantes del Estado, las gobernaciones, las oficinas locales del FBI, oficinas del Departamento de Investigaciones Criminales ... y llamar y enviar por correo electrónico a todos. Prepare una lista de todos los números de teléfono y direcciones de correo electrónico en primer lugar, y luego enviar por correo y llamar a distancia. Puede hacer lo mismo con los números de fax del FBI y sus representantes y congresistas. No se olvide de obtener las direcciones de correo electrónico de todos los grupos de activistas locales, tales como Negro Vive la materia. Recuerde, muchos grupos de activistas minoría ni siquiera saben que las casas de 20 000 las minorías se han tenido, hasta el momento, en todos los estados hasta la fecha. Me formularse con un pequeño párrafo y enviado por correo electrónico a todos los capítulos BLM en todas las ciudades en los Estados Unidos ... y ... sólo tardó veinte minutos de mi tiempo y tenía enormes resultados en los próximos dos discursos candidatura presidencial ... .Este es decir: Correr la voz ... y ... hacen lo que hacen y hacer el recuento de cada explosión. Publicar de nuevo y volver a pegar todos los días durante 6 meses o hasta que consigamos audiencias, y todas nuestras casas de espalda ... de forma gratuita ... ..

Sí, me has oído ... Islandia dio a todos sus familiares afectados hogares libres ... todas las hipotecas fueron perdonados .. eran perdonados todas las tarjetas de crédito y los saldos de préstamos. Las personas volcaron su gobierno y exigieron acciones, libres y transparentes, para todas las personas quemadas por sus Banksters. El 29 Banksters responsable también ahora están sirviendo la vida en prisión sentances!

Actualmente estamos buscando la cooperación y la asistencia de Islandia en los Estados Unidos que llevó a hacer lo mismo y reclamar nuestros hogares para todos los estadounidenses. Es de esperar que más países asimismo exigir la corrupción hasta el final y hacer que todos los países de apoyo de sus ciudadanos, en contra de la "criminal Egoísta" (C 2016 e. Blanco).

****

Cómo Banksters oscuras obtuvo luz verde para comenzar robos

agente de la CIA Robert Steele (ex) dijo que comenzó en 1988 movimientos secretos ... ..y que "ISIS es producto de American, Francia, Arabia Saudita e Israel ,," ... en la entrevista RT Sean piedra al aire 19:57 PST 04/08 /dieciséis.

Y ... Obama en usted tubo vídeo se emitió 040.616 dijo que comenzó ISIL con unas pocas armas para entrar y sacar rebeldes anti-estadounidenses y expatriados que viven en suelo extranjero. Cuando se le preguntó sobre más de 150 aviones no tripulados extranjera realiza en ctizens americanos, él respondió diciendo: Están fuera de América del vivir ... eso demuestra que son traidores "

En otro vídeo en una gala de la cena, habló y dijo que si queremos llevarlo a cabo ... tenemos aviones no tripulados ... Usted nunca ve venir .... (Risas por toda la habitación) (cara seria) "¿Crees que soy broma ... (pausa embarazada). Salió al aire en You Tube 14/04/16.

Bamma video: "de vez en cuando tenemos que torcer los brazos de los países que no quieren hacer lo que les tenemos que hacer .."

(Nuanni RT Correspodant lead-in comercial para su espectáculo, 11/01/15 04/20/16 través de programa de televisión RT Commericals promocionales)

Y el anuncio de Putin después de 2015 violaciónes Turquía y derribo de pilotos de combate ruso ... "40 países participan en la financiación de la" guerra de poder "de las naciones árabe / desestabilización de la región ..." ¿Esto es todo en la preparación de un nuevo orden mundial. De los cuales 'bama ha previsto entregar el reino a ??? Esta es la sociología de ISIL, una organización financiada y comenzó por la administración Obama a "moderado" rebeldes. La Casa Blanca ha anunciado en numerosas audiencias del Senado que estos llamados rebeldes moderados o bien han cambiado de bando, dirigida kurda, Cristiano, y sitios civiles, etc., o fuera de control. Son ya sea fuera de control o hacia la derecha en su misión específica.

La verdadera naturaleza del capitalismo global es familias y Banksters Banker están gobernando y arruinando el mundo.

Esto no es una cuestión racial. Es una cuestión económica .. se trata de una cuestión de poder ... es un juego de peones de ajedrez y de la élite matando a los pobres, de forma deliberada. Es pobre contra el 1% del 1% .... negros han sido vocal en los males contra ellos ... .they luchar a través de Sorros matones controlados para desviar la atención de los barrios y dividir ... si pueden dividir todos .. pueden conquistar todos nosotros ... Así que ... los negros se están utilizando para dividir las naciones, provocar el desvío de atención a los problemas creados. Algunos de los del repunte están luchando para conseguir la atención de los problemas reales e importantes. Muchos son los temas de muerte o discriminación terribles de una persona, familia o vecindario ... pero ... muchos de esos errores fueron efectuados o por hacer para que la persona o personas 'a propósito' con el fin de desviar la atención nacional a partir de un colapso de la economía y la destrucción intencional de una nación. Dentro de poco despojados. Vamos a estar acorralados en campos de FEMA, muertos de hambre, enfermedades montado, rodado en las calles - que decir que ya tenemos esto .... NO ... tenemos bancos de alimentos y el bienestar ... tenemos mala médica ... no tienen trabajo ... tenemos deuda espaldas rotas - en gran parte creado por la élite. Y supongo que lo que la gente ... .poverity es daltónico!

La transferencia de sus empleos, a otros países, ayuda a obtener apoyo para el régimen de reestructuración de todos los países.

Colapso bancario conduce a la nueva organización de dinero y la canalización de todo el dinero al 1% del 1% ..... activos ahora son libres de humo n espejos ... la ilusión está condenado al fracaso, después de que tomen todo lo que pueden de alguna activos reales o tierra.

La unificación de las órdenes religiosas

La misma teoría crisol de la destrucción de las identidades nacionales y el establecimiento de la nueva norma internacional sobre los pueblos que emigran, se aplica a los puntos de vista religiosos también. Se sabe desde el comienzo mismo de la historia religiosa que es la fuerza más dominante de todos. La disminución de las creencias radicales o extremas, a favor de alternativas de vainilla lechoso, sin puntos específicos o fuertes de creencias, sirve para eliminar el poder de las creencias de una persona. Con las creencias sin Dios o sin creencia alguna, las nuevas potencias mundiales son libres para sustituir la necesidad innata por el alma de una persona a unirse y llamas a la presencia de Dios, y para reemplazar las creencias personales y comprensión moral con simples movimientos religiosos de prácticas sin sentido; Cualquier creencia en circulación se tiran por la cual contradice con las creencias de nadie, dejando muy pocos puntos comunes de consenso, destruyendo el tejido mismo del cristianismo, que exige que el único camino al cielo es por la fe en el nombre de Jesucristo. La mayoría de los directores católicos y de otras religiones pierden sus elementos básicos de la fe en este crisol consenso religioso del Nuevo Orden Mundial. 'Ancho es el camino que conduce a la destrucción y angosto el camino que lleva a Dios, y pocos son los que la hallan. "

El Nuevo Orden Mundial es entonces regulada ... Marca de la bestia de identificación se produce.

¿Hay alguna esperanza para la salvación y revertir los males de los Banksters destructivos? Recuerde, el Banksters se establecen en la destrucción total. Ellos sólo mantenerse a distancia de tal destrucción, siempre y cuando exista un centavo, a la izquierda para tomar. Sólo una revisión total de moral, una toma de Banca de vuelta de los Banksters, por el pueblo salvará al sistema bancario mundial.

Recuerde, ellos trataron de hacer esto durante el tiempo de asistencia y preguntando por el presidente Ronald Reagan. Para su legado y de crédito, Ronald Reagan se negó a acelerar la desaparición del mundo. Por mucho que algunas personas trataron de decir que las profecías antiguas predicen un eventual fin determinado y, según los informes, Reagan respondió: "No en mi reloj."

Necesitamos que los gobiernos del mundo a pie por separado y luchar contra los malos Banksters, cuando ven estos esquemas entran en cada país. Que se unen, por cualquier causa complicado es en realidad una herramienta que los Banksters malignos pueden utilizar para acelerar su causa. La separación de los gobiernos es la clave para mantener la corrupción del proceso de investigación y correctivas. ¿Qué bueno es un proceso de investigación en cualquier delito si los participantes del panel no son examinados en primer lugar: un fondo forense y alianzas de verificación de toda la familia de la persona, Y, todo el interrogatorio hechas abierto y televisado al público, y los resultados inmediatos también hacen públicos. Una y otra vez, una esposa o un primo se utiliza para proteger los pagos, los fondos marinos, opciones sobre acciones, etc., y todos utilizados para ocultar los pagos por hacer la vista gorda a la justicia, no entregar todas las pistas de investigación, o el uso de cerrado audiencias de puertas para invitar a los pagos de los corruptos a esos mismos los encargados de investigar el tema.

Los gobiernos individuales, pueden y deben, perseguir a los malhechores y estar con la gente. Da a la gente de su Jubileo. Dar a la gente una remisión de todas las deudas. Hacer el Banksters pagar por lo que hicieron. El perdón de todos los gravámenes e hipotecas no es una idea tan descabellada. En realidad, es un antiguo director ... El antiguo dominio judío de 50 años dice que todos van libres de deuda, cada año de Jubileo.

Da a la gente de vuelta a su sueño de tener su propia casa. Al final, sólo las personas pueden presionar para que el resultado final. La complacencia de preguntar por qué el gobierno no hace nada, y esperar a que pase algo, sólo asegurará la desaparición del sistema bancario mundial.

Esto no afectará a un solo país, la devastación de los hombres egoístas provocará el colapso de todo el mundo. Todos debemos hacer lo que podamos para exponer dichos robos Bankster, sin importar el país de que se produzcan dentro y sin importar el país en el que vivimos. Si todos no estamos parados para exponer cualquier conocimiento que se nos presente o el Banksters a destruir el económico y los sistemas monetarios del mundo. A continuación, gobernará el mal. Sin respuesta? No, sólo por un tiempo ...

La ilusión es que el Banksters grito de ayuda. Esta es la ilusión ... No es accidental ... Lo hacen a propósito ... Se continuará haciéndolo hasta que dejamos que fallan .... Permitiera que quebraran y dar a los titulares de hipotecas sus hogares, la deuda perdonada.

Luego, en la puesta a punto de un nuevo sistema bancario, tenemos que establecer límites bancarios grandes ... van a vender los excesos ... no las rompa de forma manual ... Se acaba de utilizar esto como excusa para fracasar de nuevo ... para el ¡tercera vez!.... Establecer límites sobre el tamaño del banco de los activos ... A continuación, dejar que ellos decidan sobre qué vender ... .Los bancos tienen que vender algunos, pero que podrán elegir lo ... Este es el mercado de trabajo ...

PERO

No lo haga hasta que sean procesados por el último fracaso prematuro ... vender, u otro fracaso, sólo ocultará quién, qué, y cuánto, de la última hora de la culpabilidad Banksters '....

Nota: No es una persona en la cárcel no uno para cualquier Bankster en último fracaso ??? ¿¿¿De Verdad???

El problema con la crisis bancaria tiene que ver con suposiciones incorrectas ... La gente está muy ocupada tratando de entender las cosas. Los expertos agarran a un clavo ardiendo tratando de ser el primero en encontrar alguna fórmula mágica difícil de alcanzar en el cielo ... Volvamos al juez, corporaciones, y los investigadores en esa sala cerrada. Hay una razón por la Pública se mantiene fuera ... Ellos están de fiesta. Están jugando juegos de viaje de poder hacer valer el poder y negociar el "costo de hacer negocios", es decir. Sobornos. Luego se remontan a más de fiesta, alcohol, prostitutas, y palmadas en la espalda. Sí, he dicho prostitutas ... Fui testigo de varias negociaciones corporativas (Este ejemplo fue en un sector no bancario, pero el mismo proceso básico.), Donde se discutieron las negociaciones internacionales para las reglas de las reglas inter-corporativos. Los últimos días después de los acuerdos fueron hash a cabo siempre terminaban en cenas caras, es necesario beber en exceso, desenfrenado orgías inmorales todo incluido - a veces la derecha en los pasillos o restaurantes ... alquilados y ... toneladas de prostitutas para entretener a los jefes de negocios que visitan. Las prostitutas se tire hacia arriba en los coches, totalmente equipado con máquinas de tarjetas de crédito en el maletero. Un socio corporativo internacional pondría en su pedido de dos o tres "mujeres de la noche" a la vez. Él se jactaba en el desayuno, a la mañana siguiente, que les había dado todo a caballo monta alrededor de su suite del hotel, toda la noche, y se muestran con los codos sangrientas para demostrar sus dotes ... asqueroso ... La cuestión es: ¿Cómo podemos saber lo que está pasando detrás de puertas cerradas con el público y la prensa se mantuvo fuera de la sala del tribunal Transcripciones ?? también deberían estar disponibles en línea para los profesionales de halcón vigilante apropiadas sean capaces de analizar los procedimientos y la relación de medidas de castigo ...

Lo que nos lleva a ... ¿Por qué ¿Ha habido medidas de sanción PROMULGADA hasta el momento, CONTRA los banqueros que han amenazado el sistema sea muy económica de la que depende el mundo. Esto no es un delito menor. Estos Banksters en quiebra a países enteros mientras se construyen casas y yates en países extranjeros. Se esconden búnkeres subterráneos y provisiones para las inevitables guerras mundiales que están creando. Se empujan y empujan los países pequeños en el caos. Las sanciones se muere de hambre los ciudadanos inocentes. líderes bien intencionados son empujados hacia la locura y actos aislados de rabia y venganza. A continuación, estos actos se anuncian y se utilizan para tomarlos de poder. Los agentes son actores en atuendos y disfraces nacional y pasamontañas negros. Los líderes se agarraron. Los ciudadanos están aterrorizados en la sumisión. Los niños son vendidos como esclavos, violadas o asesinadas, a fin de obtener reclutas radicales. Las personas tratan de renacer las y luchar por la democracia y la libertad. Pero ¿a quién pelea? Terminan la lucha contra los fantasmas. Ellos luchan entre sí y destruyen sus propios recursos y la infraestructura. Son "Los peones sobre el terreno" para los líderes ocultos, bebido en su propio poder previsto. El problema con esto es la misma que con todas las personas bebido. Su percepción está distorsionada, borrosa, nublada por la sangre, la codicia y la culpa ... ¿Cómo son diferente que el alcohólico corporativa a una parte que asume que es mucho más divertido que alguno piensa que es; él tiene una visión que él es el alma de la fiesta, mientras que las otras personas en asistencia piensan que es un culo completo.

La contra-parte hembra en este partido está haciendo bromas obscenas a su "otra mitad" o compañera, a su costa. Ella está tan ocupado percibir el poder de su juego de dominación que su conducta aumenta exponencialmente. Ella se convierte en bastante mareado en el pico de oxígeno de la felicidad de su prepotencia. Por lo tanto, se obtiene la expresión del aire rubia cabeza (no es cierto, por cierto ... todo el mundo sabe la broma del vaquero ... vagones verdaderos trenes en el oeste eran aventurero y muy valiente Dejaron ir en trenes de carro -. Enfrenta puertos de montaña de congelación, ardientes desiertos secos, indios de ira, el hambre ... la reputación de loco California persona no es uno de ellos ... los que son la causa de la mala reputación son aquellos, en los bebés de ayuda social perezosos que vinieron para el buen tiempo, lugares bonitos, y pagos públicos y no son los valientes duras de trabajo de los pueblos originarios (tenga en cuenta que no estamos incluyendo los que están enfermos, discapacitados o personas desplazadas o discriminada personas - que pueden y están dispuestos a trabajar y no se permite a los defectos de la sociedad actual . Nosotros sólo estamos hablando del tipo de personalidad codiciosa perezoso) de todos modos, el punto es:.. a veces las personas son etiquetados erróneamente un cierto estereotipo ... lo mismo aquí con la reputación rubia aire cabeza el que está en este ejemplo, y como se suele , una persona insegura siempre será una persona insegura, incluso si se tiñen el pelo rubio ... siempre serás la persona que está en el interior. Esta es la misma razón por personas que buscan la cirugía para alterar la apariencia o el peso, meramente por razones perezosos, no vuelvas a tener éxito; Debe cambiar la persona dentro si realmente el deseo de cambio! Por lo tanto, si alguien es ultra-dominante y hambriento de poder ... Que uno está condenado al fracaso.

www.ingramcontent.com/pod-product-compliance
Lightning Source LLC
Chambersburg PA
CBHW071823200526
45169CB00018B/841